こころのライブラリー　10

少年非行
青少年の問題行動を考える

藤岡淳子　小西聖子
田中康雄　小林隆児　安岡 誉
佐藤眞理　吉田里日　大場玲子
妹尾栄一　中村 攻

星　和　書　店

Seiwa Shoten Publishers

2-5 Kamitakaido 1-Chome
Suginamiku Tokyo 168-0074, Japan

目　次

対人関係における被害体験と加害行動
——自他のバウンダリー（限界）を確認するために——　藤岡淳子……3
青少年の被害体験と加害行動をめぐって
藤岡淳子　小西聖子　田中康雄…9
暴力の影響が過小評価されている　11
非行少年を人格型、神経症型、集団型に分類　15
家庭内暴力、弱者同士のパワーゲーム　17
信頼関係をどう築いていくかが大事　19
依存と支配は裏表　22

医療の枠の限界性　26
DV家庭での子供に与える影響　30
加害・被害の関係と権利や責任の問題　35

乳幼児期の母子コミュニケーションからみた両義性と両価性　小林隆児……41

1、はじめに　41
2、母子コミュニケーションを考えるにあたって　42
（1）コミュニケーションの定義　42
（2）コミュニケーションは二重の構造を有する　43
（3）象徴的コミュニケーションと情動的コミュニケーション　44
（4）コミュニケーションの二重構造と意識の介在の有無　44
（5）情動的コミュニケーションと愛着形成　45
3、人間存在の抱える根源的両義性　46
4、「自己—他者」「子—（母）親」「受動—能動」—共軛的関係—　47

（1）「抱く―抱かれる」　48
（2）「成り込み―取り入れ」　51
5、両義性と両価性　56
6、おわりに　60

軽度発達障害のある子どもたちにおける被害体験と加害行為
――共生するために尊重されるべき異文化――　田中康雄……63

はじめに　63
1、軽度発達障害のある子どもたちの被害体験　64
2、軽度発達障害のある子どもたちの加害行為　69
3、軽度発達障害のある子どもたちと共生するために　72
おわりに　79

青少年の手首自傷（リストカット）の意味するもの　安岡　誉……81

1、はじめに　81
2、手首自傷の臨床的特徴、症状機制とその精神力動　83
（1）手首自傷患者の臨床的特徴　84
（2）手首自傷の症状機制と精神力動　86
3、手首自傷（リストカット）の意味するもの
―「淋しさ」と「空しさ」を癒そうとする試み―　90
4、おわりに　93

摂食障害における「満たされなさ」
――星の王子さまとキツネにならって――　佐藤眞理……95
1、はじめに　95
2、摂食障害の治療　97
3、症例を振り返って　100
4、おわりに　104

衝動統制障害としての薬物非行と性非行
——愛着と対象関係のつまずきから—— 藤岡淳子……107
はじめに 107
1、非行少年の対象関係における分離個体化のレベルと被虐待体験との関係 110
2、薬物と性非行少年における自他境界のあいまいさと「満たされなさ」 115
3、援助の方法について 119
女子少年院在院者の性被害経験 吉田里日……121
1、はじめに 121
2、少年院在院者に対する「被害の経験に関する調査」 122
（1） 調査方法 122
（2） 女子の被害経験率 124
（3） 被害は繰り返す 126

（4）被害を受けた時期　128
（5）加害者はだれか（重複選択）　129
（6）被害後の行動（重複選択）　129
3、まとめと考察　130

激しい暴力を暴発させた少年の心の限りと広がり　藤岡淳子……135

はじめに　135
1、仲間関係にからんで激しい暴力を振るう少年たち　137
（1）暴力の効果を実感するとき　137
（2）暴力をめぐる価値観の歪み　140
（3）背景にある家族の状況　143
（4）集団で暴力を振るう少年の自他関係と彼らへの援助方法　144
2、いきなり単独で激しい暴力を暴発させる少年との異同　146

殴る男、殴られる女、そして子どもたち　小西聖子……149
「どなる」「殴る」――伝わりきらないもどかしさ　150
加害者の教育　155
暴力の被害の子どもへの影響　158
まとめ　160
ホームレス――その被害体験と加害行動　大場玲子……163
1、はじめに　163
2、最近の事例から　165
（1）日比谷公園にて　165
（2）保護観察になるまで　166
（3）保護観察の始まりと経過　168
（4）本人にとって「ホームレス」であることとは　171
3、おわりに　173

少年非行の変化　妹尾栄一……177
1、はじめに　177
2、少年非行の動向―東京少年鑑別所データから　178
3、少年非行のモデル的理解　181
（1）家族成因モデル　182
（2）認知・情報処理モデル　183
（3）生物学モデル　184
4、少年による殺人と暴力的空想　185
5、解離傾向と殺人衝動　190
6、未成年者による殺人――治療か刑罰か　195
地域で犯罪から子ども達を守るために　中村　攻……197
はじめに　197

1、子どもを犯罪に駆り立てる地域環境 198
2、子どもを犯罪の危険から守る地域環境 203
文 献 210
略語一覧 221
初出一覧 222
執筆者 224

少年非行

青少年の問題行動を考える

対人関係における被害体験と加害行動

——自他のバウンダリー（限界）を確認するために——

藤岡淳子

時々「自分」がはっきりしなくなる。じっと手を見て、皮膚で外界と区切られた自分の身体を思う。何かを殴れば痛い。思い切り身体を動かしても、周りの空気がまとわりつき、頭蓋の中では脳が浮かんでいるのが感じられ、挙句に雑踏で前を歩く「自分」の後ろ姿がふと見える。人と触れ合えば、暖かくて気持ちよいが、決してひとつにはなれない。なれなくてよい。それが自分とは異なる他者の存在であり、人とは異なる自分の存在なのだと納得する。それでいて、自分と人、自分と外界とは常に何らかの交流をしてそこにいる。しないわけにはいかない。しないときは死んでいるときなのだ。といったようなことをはるか遠い昔に思っていたような気がする。

思春期は第2の分離─個体化の時期であると言われる。準備ができていようといまいと、一定の年齢がくれば、生まれ育った家庭（巣）から離れ、独り立ちすることが一般に期待される。すなわち生命を維持するだけの食い扶持を確保し、伴侶を見出し、自らの家庭を作る。素朴に考えれば、単純なことである。しかし、現代日本の社会は、その社会構造の変化ゆえか、巣立ちが簡単にはいかなくなっているようだ。巣そのものも揺らいでいるのかもしれない。引きこもり、摂食障害、薬物乱用、非行といった最近の青少年のさまざまな問題（と呼ばれる）行動は、こうした思春期の巣立ちのつまずきとして理解することもあながち的外れではあるまい。

そう考えると、以前は全く別のタイプとして考えられていたと思われる、精神神経科に受診するような症状を表す子どもたちと、そこまでにいたらずとも不登校、引きこもり等の「非社会的」（問題）行動を表す子どもたちと、非行を行う「反社会的」子どもたちとは、実は大きな1つの根っこからさまざまに枝分かれして現れてきているだけなのではないかという仮説が成り立つのではあるまいか。彼らは、いずれも思春期における分離個体化、あるいは巣立ちに問題を抱え、苦闘しているのであって、苦闘の仕方、表現型が異なるだけなのではないかと思われてくる。それぞれに、家庭という巣の中で、家族を対象に習得した自他表象および他との関係の持ち方を土台にして、「自分」の在り方を外の社会や外界に対して問いかけ、関わり方を模索し、自分を社会の中に位置付け、居場所を確保し、あるいは疲れ果てて一旦退却し、あるいは模索の過程で傷つけたり、傷つけられたりしているともみなすことが可能であろう。

実際、最近では、「普通の」少年の「いきなり」の激しい暴力の暴発、あるいは非行少年にあるまじき（?）不安・神経症的症状等のクロスオーバーが目につくようになっている。非行臨床に携わっていても、摂食障害やリストカット、解離症状や、心的外傷後ストレス障害（PTSD）等、非行そのもの以外の症状が並存していて、処遇に苦慮することが少なくない。おそらく病院臨床においても、対象の少年少女たちの非行や薬物乱用、激しい行動化や攻撃的言動に振り回されることが稀ではないであろう。しかし、現行システムは現実に追いついておらず、両者を扱う専門家や機関は比較的分断されており、十分な情報の交換や共通理解の構築が不足しているという印象を筆者は抱いている。

こうした問題意識に基づき、最近の青少年のさまざまな問題（と呼ばれる）行動を、自分と人、自分と社会といった「自他のバウンダリー確認作業」、「自他の関わり方の再構築作業」として仮説的に位置付け、その確認・構築作業の過程で生じる、そして容易に反転・逆転しうる、さまざまな被害体験と加害行動について考えることとした。また、巣立っていくべき社会が急速に変化している現在、大人たちもその変化に対応するべく苦闘しているわけであるが、子どもたちの巣立ちを、我々周囲の大人たちはどのように援助できるのか、対応策をさぐりたい。あるいは子どもたちの苦闘の様相からこそ、大人は、現在の社会を見通すひとつの視点さえ得ることができるのかもしれない。

一昔前までは、「限りのない可能性」を進展させることが、個の確立と自己実現にとってひとつの理想とされていたように思える。ところが、一見限界のなくなった飽食の現代日本社会では、むしろ「限界を知る」ことが現実的な成果をあげていくためには必要な要素となっているようにも思われる。それは限界があることこそが現実であるからであろう。あるいは、大人になるとは、自分や人間、あるいは命の限りを知ることであるのかもしれない。

しかし、もちろんそれは時代に逆行するような、「分を知れ」とか、(伝統的)家族の再建といったものではありえない。変化しつつある社会経済構造、家族構造、そして個の在り方に応じ、新たな人と人、人と社会との関係の持ち方を模索し、大人たちが柔軟に変化し、子どもたちを育てることから、個人と社会との今後の方向が見えてくるのであろう。

バウンダリーを学問的に語ることは筆者の手にあまるが、異なる背景を持つ編者が知恵を合わせることによって、多様で、それぞれの示唆に富む論文を得ることができた。編者が受けた、「自らの限界を再認識したゆえの、新たな限界への現実的挑戦への意欲」という心地良い刺激を、読者にも受けてもらえるなら望外の喜びである。

青少年の被害体験と加害行動をめぐって

（司会）藤岡淳子
小西聖子
田中康雄

藤岡　今日は、「青少年の被害体験と加害行動をめぐって」というテーマで座談会にお集まりいただきました。子供の問題や非行の問題、ドメスティック・バイオレンス（以下DV）の問題など、対人関係の中でやったりやられたりの関係性を見てみたいということがあります。とくに青少年の問題では、大事なポイントのひとつではないかと思っています。

みなさん同世代ですが、面接室や診察室にとどまらず、社会的な活動を活発にしておられます。問題意識も共通しているところがあり、おもしろいと思い集まっていただきました。まず、自己紹介もかねて、関心があることを、今申し上げたところからお話していただけますでしょうか。

小西　今、私が対象としているのは、対人暴力被害です。もう少し広く、災害や事件の後の危機介入ということもやっています。

　DVについては、確かに典型的な対人暴力被害ではありますが、トラウマへの反応という点では非定形な部分が多いと思っています。例えば、性暴力被害にしても殺人事件の遺族にしても、あるいは虐待の被害者も、その人と会った時点では、被害がほとんど終わっていることが多い。DVの場合はそうではなく、現在進行形ということが多いわけです。そうしますと、これはポストトラウマではないので、最初にやることはトラウマケアではないのです。安全を図る、あるいは、本人に情報を伝える、アドボカシーというのかもしれませんが、そういうところから入っていかない限り、DVの被害の心理的なケアはできません。それからもう1つ、DVの被害、より一般的にいえば家庭の中の対人暴力被害は、パワーによる支配ということが本質的な問題だと思います。家庭の中の暴力の構造はいろいろ複雑で、被害者であり加害者であることもあれば、子供にも暴力を振われているというような人もいますし、とても複雑なパワーと暴力の問題を抱えている。単純ではないというのが、特徴としていえるかと思います。

田中　私がやっている仕事は、児童の精神医療ですが、最初は不登校から始まりました。だんだんと発達障害のある子供たちや、その親との関係ができてくると、非常に見えにくい発達障害があるがゆえに、親が社会から被害を受けている状況などが見えてきました。私どもの外来に来る子供たちは、軽度の発達のアンバランスさがあるので、見えにくく、いじめにもあいやすく、先生からも努力不足と言われることが多いのです。外来で診ていると、そういう子供たちの被害意識は強く、認知の難しさもあり、善意の忠告が拒否的な言葉に受け止められて、1度嫌いとなると好きになれない仕組みがあります。それをどのように修正したらいいかを最近考えています。

もう1つ、対人暴力被害のひとつの形ですが、家庭内暴力の子供たちに対して医療のできることは何かを、改めて考えています。親はそれをリセットしたいから入院させたい。でも、子供はしたくない。治療関係が結べないのです。今回、藤岡先生の著書から、被害体験と加害行動は循環するということを伺って、家庭内暴力というのは、自分の中にある「育ててもらえなかった子供」を親側にぶつけて、いろいろやり取りをしているのではないかと考えました。これは切り離されたら育たないという状況ですから、家庭の中でその関係をどう育てていけばいいかを最近考えています。

もう1つ、月に1回、注意欠陥/多動性障害(ADHD)と学習障害、その他の軽度発達障害の問題を抱えている子供たちや親、関係者が集まって話し合いをする懇話会をやっていますが、いろいろお話を伺うと、見えない能力障害のある子供たちや育てる親に対して、まだまだ社会的な仕組みが十分でないということを考えさせられています。例えば、学校の先生と会って、子供の理解を深めているのですが、結局先生は2年で交代する。また振り出しに戻った作業をしなければならない。積み重ねをどうすればよいかということがあります。

藤岡　それでは、燃え尽きそうですね(笑)。解決が見えない。

田中　それで、何か打つ手がないかなと。

藤岡　2人とも、お医者さんではないみたいです。

暴力の影響が過小評価されている

小西　医療のカバーする範囲はすごく狭いのです。例えば家庭内暴力や性暴力被害、犯罪についても、医療が切り取って見ている部分は少ないです。診察という場面に来ているというだけでバイアスがかかっているわけです。しかし、医師はせめてそういうバイアスを抱えていることぐらいは知っているべきだと思います。医療のシステムというのは確固としたものですからそれがなかなか見えない。とくに、こういう新しい問題に切り込むときには見えないところは落として平気ということがあると思います。

今の話と関連してですが、暴力の影響が過小評価されていると思います。DVでも性暴力でも、子供のいじめでも、殴られることはすごく恐いことです。永久にその人との対人関係が変わってしまうぐらいエフェクティブなのです。家庭内暴力にあっているお母さんに我慢しなさいと言うことは、そういう恐怖やどうしていいかわからない、逃げたくても周りの雰囲気で逃げられない状況を無視していることです。とくに精神医学や心理学の臨床の中でも、そういう痛みが軽視されていると思います。

藤岡　大統領でも校長でも、ピストルを突きつければ言いなりにならざるをえないですから、暴力の影響力はものすごく大きいと思います。非行少年たちは殴られても痛くないと言いますが、実は最初のころすごく痛い思い、怖い思いをしている。その中で、やはりやられるよりはやれということになるのだと思います。痛みなど感じないように、やられているときは、今に見ていろと思っているそうです。痛みを感じなくなるタフさや男らしさの幻想を持っているのです。持たないと被害者から加害者にはなりません。

小西　それは、一種の対処行動でしょう。そういう対処行動は、一方的にやられているだけの虐待の被害者にはありません。虐待の被害者が痛みを感じなくなるというのは、虐待をやり過ごす手だてのひとつとしての解離が生じている可能性もあります。長い間殴られていた虐待の被害者に聞いてみると、解離は途中から起きてきて、解離が起きるようになってからは痛みを感じないと言う人があります。今言われた対処とは違いますね。

藤岡　解離も対処ではないですか。

小西　もちろん対処です。今の「今に見ておれ」という対処方法とは違いますが。「今に見ておれ」のほうが、自分自身のコントロール感を取り戻せると思います。表面的なものかもしれませんが。解離にはそれはありません。自分の体験を自分のものではなくするわけですから。

虐待の被害者のうちの一部は、「今に見ておれ」という形で、今度は自分が加害者の側に回っていくわけですし、逆にただ一方的にやられたまま解離で対処してきた人たちは、いろいろな不具合を持って臨床にかかってくる形になるのでしょう。では、どうして対処の方法が違ってくるのかということも大きな問題のような気がします。

藤岡　この前、小西先生が、侵入症状がある人はすごく重い人たちで、回避、麻痺で終わっている人たちは、先生のところには来ないとおっしゃっていました。私は、うちに来るのは、病理という意味では、基本的にまず麻痺がくる人たちだと思います。非行ができて、加害に回れるほうが、本人にとっては幸せなのでしょう。

小西　確かに、そのほうが、本人にとって、多少適応レベルはいいのかもしれませんが、逆に言うと、再体験がない限り、自分の過去に向き合うことはできませんから、回復の可能性ということでは、むしろ今苦しんでいて、うまい対処行動が見つかっていない人たちのほうが、いろいろな援助が入りやすいということはあります。

田中　それは、対処行動が固まってしまって抜け出せないということですか。

小西　私は、どちらかというと暴力という対処をとらない人たちをたくさん見てますが、ときどきそうではない人に会います。男性の虐待被害者が多いのですが、自分の被害をパワーを持つことで埋めようとしている人たちがいます。武器を収集したり、武道で体を鍛えたり。それから、非常に攻撃的で、カウンセリングの関係の中でも、相手を支配することに非常に熱心な人たちがいます。

藤岡　さきほど小西先生は、DVは現在進行形ですから、ケースワーク的に働きかけなければとおっしゃいましたが、私たちも同じで、とりあえず暴力を振るう人の行動化を抑えて、少年院なり司法の枠に押さえ込むことによって、今度は悩ませ始めるわけです。そこから回復の過程が始まりますから、とっかかりや登り口は違いますが、最終的に扱わなくてはいけない内容は似ているという気がします。

とにかく、その子たちは、たかが肩を足で踏みつけたくらいで、たかがナイフで首筋をちょっと傷つけたぐらいで、それがどうして暴力なのかと言うわけです。暴力はすごく強力な対処方法だとおっしゃいましたが、彼らはそれを絶対失いたくないわけです。

小西　実際に人を支配できますし、世界に対するコントロール感も持てるわけです。私たちは、他の形のコントロールする方策を持っているので、何とかやっていられますが、それが全くない人で暴力だけがあるとしたら、それを取り上げるのは大変なことです。

藤岡　しかし、話すことによって、自分が暴力で片をつけるやり方しか知らなかったことが見えてくる人がいます。例えば、昔は、好き勝手やって、だれにも縛られず、力で人の上に立つ、それでみんながついてくる男が理想だと思っていたのが、妻や子供ができて家族を持ってみると、働いて、法律を守って責任をとれる男がかっこいいという話になってくるわけです。自分のやったことを、そのまま仲間うちだけで見ていると全然展開しませんが、違う視点を持つ人の中で正直に話すことによって、また違う自分の見方が出てきて、結構変わっていくようです。

非行少年を人格型、神経症型、集団型に分類

小西　藤岡先生が非行少年の型を分類して人格型、神経症型、集団型とおっしゃっていますね。今のお話ですと、一種の学習不足、サブカルチャーとして反省するような土壌がない。言いかえれば大きなことをやってしまった後の感情については扱わないというタイプのコーピングを持っている人というように聞こえますが。人格型と言われているような本当に共感のないタイプとの境目が難しい。

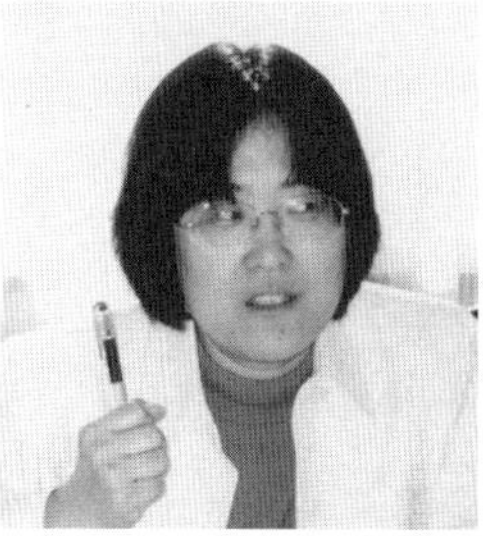
藤岡淳子氏

藤岡　今、扱っているのは基本的に人格的に大きな偏りがない子たちです。

小西　そうすると、普通少年院まで行く子供たちは、ある意味ですごく札付きだと思われていますが、そこでもいくらでも介入の余地があるということですね。

藤岡　逆に介入しなければ、また同じようなことをやっていくわけです。

小西　ひきこもりの子にも、言葉を知らなくて、どうやって自分のことを語っていいかわからない、自分の悩みをどう考えていいかわからないという人がいますが、そこにもつながっているのかもしれません。

藤岡　田中先生、さきほど親子関係で、切り離してしまったら、そのままになってしまうということをおっしゃっていましたが、それは一緒に関係して、関係そのものを変える働きかけをするということですか。

田中　はい。うちは子供の入院施設を持っていま

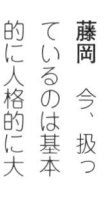

すので、結構引き離すわけです。その結果、その接点が見えないままになってしまい、苦い経験をしたお子さんもいます。入院してからの子供の変化、親を慕う気持ちや、過去の親についての思いを表現したり、最近はずいぶん変わったという話を親にしても、親は変化のプロセスを見ていませんし、過去の記憶だけで判断しますから、過去のものさしで子供と向き合うことになります。そうすると子供は簡単に元に戻ってしまって、面接をしてもだめなのです。

ですから、強制入院させて、ゴタゴタを避けるというのは間違いではないか。親にもしばし苦労してもらって、私たちと一緒に悩もうというスタンスが必要ではないかと思います。だめなときは親は逃げ出しなさい、そのときには私たちも往診します、とそういうやり方でなるべく日常の中で向き合えるような場面を作っていく必要があるのではないかと思います。

それから、基本的に介入しやすい家庭内暴力のある子供たちは、育っていくプロセスで、親にこうしてもらいたかったけれどもしてもらえなかったという恨みがあって、それを解消しないまま大人になることに恐怖や不安を抱いています。その子が、日々いじめられていたり、日常生活の中でうまくいかないのはすべてそのせいだと思っていて、親に対して責任をとれという言い方になります。ではどうすれば責任をとれるかを考えていこうとしなければいけないと思っています。

そのように親御さんにも頑張ってもらおうと思うのですが、その場合、小西先生がおっしゃったように、暴力にさらされる側の不安感に対しても介入しなければならないわけです。ですから、子供との契約で、暴力を振るえば、強制的に引き離して医療保護入院しなければいけない、覚悟しておけという約束をして、親御さんにも少し安心してもらって、面接室でどういうやりとりがあったかを話していこうと考えています。

小西　そういう人を専門に持っているわけではありませんが、ときどき来ます。やはり、最初、気持ちはくみ取るにしても、暴力を振わないこと、振ったときのことについてだけは約束をします。

藤岡　限界設定ということですね。

家庭内暴力、弱者同士のパワーゲーム

小西　子供の家庭内暴力で難しいのは、パワーの問題がすごくねじれているわけです。暴力を振う時点では、明らかに母親より子供がパワーを持っていて、実際に虐待に近いことが行われていることがたくさんあります。しかし大きい目で見ると、子供というのは親の経済的な保護のもとで、親に育てられていることに変わりはありません。そこに当然逆の支配関係があるので、その両方を見ていかなければいけないのです。パワーの大小がいつも決まっていれば、あなたは加害者、あなたは被害者ですみますが、そうはいかないところが難しいと思います。

小西聖子氏

田中　家庭内の暴力でも、夫が妻を言葉で支配して、子供を暴力で支配して、しかし、自分は会社で支配されているという構造があって、弱者同士のパワーゲームのようなところがあります。ですから、本当にどちらが加害者で被害者というようにはいかない。

小西　相対的なパワーゲームというのは本来的にそういうものなのでしょう。だからといって、暴力を手に入れて使っていいことにはならないので、そこは分けないといけないと思います。

藤岡　力の使い方を適切に学ばなくてはいけない

のですが、コントロールの仕方を学ばないままに力を持ってしまうから暴力になるわけです。なぜそうなるのでしょう。やはり快感はあります。会社の上司でもそういう人がいます。何の疑問も痛みも感じていない。力を濫用して支配・被支配の関係になる。普通の人は「やばいな」という気持ちも一方にあって、別の関係性があり得ますが、なぜそのような支配・被支配になるのでしょうか。

小西　１つは不安だと思います。対等な関係というのは、あまりにも不安です。例えば子供でも、親にいつ捨てられるかわからないとか、親のおめがねにかなう自分ではないというのを、とても不安に思うわけです。暴力を振るう夫も、捨てられることに大きな不安を持つからこそ、いったん妻が逃げるとストーカー化するわけです。しかし対等な関係とは、常に不安に耐えていく関係で、なかなかきついことだと思います。

藤岡　しかも、子供の場合はあり得ない関係です。家庭の中で養育されて保護されて、パワー的には下の段階から、思春期に親と対等なパワーを身につける努力や闘いをして、やっと成人同士の対等で協調できる関係を作れるようになっていくわけです。

小西　子供とはそういう意味で、すごく不幸な立場です。いつ捨てられるかわからないけれども、自分からは何のコントロールもきかないわけです。子供が神経症的になるのは、ある意味ですごく自然なことだと思います。発達の中で一時的にそういう状態を示すのも自然のような気がします。家庭というのは、非常に不公平で不安に満ちた場所であるわけです。

藤岡　恐いもので、あり得ます。すべての暴力の温床です。

小西　人間は子供としてしか生まれることができない。とても無力で、孤立したものとして生まれてくるわけですから、きついと思います。

藤岡　しかし多くの子供は、そこそこ愛されているとか見捨てられないという根拠のない自信を持って、安心して育つわけです。高い高いをしてキャッキャッと喜びますが、それで手をどかされたらどうするのだろうとか。

小西　よく信じていられるなと思うことがありますね。やはり、その根拠のない一種の楽天性が大事で人を支えているのでしょう。

藤岡　そうでなければ、生きていることには耐えられません。それが普通なわけです。でも、その中で不安のほうが大きくなって、いろいろな問題を起こしてくる人たちを、私たちは見ているわけです。最近の子供はみんな1人ぼっちです。家族の中でちゃんと育っていても1人ぼっちです。話は少し違いますが、社会経済構造、家族構造の中で、人との関わり、だれかしらが面倒を見てくれたり手間をかけてくれたりというのが、持ちにくい時代になっているのでしょうか。みんながバラバラで。

信頼関係をどう築いていくかが大事

田中　終戦後から'60年代の高度成長までは、勤勉実直、まじめで滅私奉公の文化が価値観としてありました。'70年代後半から新人類が出てきて、'80年代になってミーイズム、個人主義が出てくる。'90年代は個々人主義、1人ひとりがよければよい。距離を縮めると傷つけあってしまうので、距離を置こうという話になってきた。そういうことと一致している気がします。

一方で情報ばかりが流出していく。その過剰な情報の中から適切なものを選択していく基準がわからなくなっている。その中で自分で自分の身を守ろうとなったときに、これほど不安なことはないと思います。そういう社会的な流れが子供たちを不安に追いやっているし、子育てに向き合う大人たちもすごく不安になっている。子供に遠慮し

田中康雄氏

ている。外来に来て必ず親に言われるのは、子供にどう関わるのが一番いいか、早く回答を出してくれということです。一緒に時間をかけて苦労していこうとか、いろいろ難しいものなんだということが伝わらない。自分の力不足のためにこの子がだめになってしまったらという、過剰な情報の中で、結果主義に追われてしまい、早く安く上手にみたいな形になっています。みんなが孤立した不安な状態の中で、信頼関係をどう築いていくかが大事だろうと思います。

小西　先生がおっしゃる不安感や必要な安心はよくわかるのですが、それが行政から出てくると、ゆとり教育など、何か変質したものになっているのです。例えば「家庭を大事に」と。それは確かに大事にする必要があるのですが、何か違ってきてしまうような気がします。

藤岡　持っている家庭のイメージが違うのです。

小西　それは父の復権などとは全然違うことだろうと思います。

田中　もともとお父さんには権利がなかったのです。祭りあげられていたものが化けの皮がはがれただけだと私は思っています。家族を大事にといっても、結局責任を押しつけているにすぎない。ゆとり教育でも、不備の学習は塾でするでしょうし、家庭学習も増えるでしょう。親はどうする？というような状況です。

小西　多分ある程度以上の年齢層の人たちには、うまく育つ装置があった。今はその装置がない。それは簡単に再建できるようなものではありませんし、いったん壊れたら、しばらく混沌なのだと思います。いろいろ起こってくるのはある意味では当然だと思います。

田中　まさしくそういう社会に一番敏感なのが、子供たちなのです。それでなくとも子供たちは経済的にも支配され、教育でも重責を持たされて、とても頑張れないというところです。子供たちは行き場所をいろいろ見つけたり、名前のない友だちと一緒につるんで車で走り回ったり、長期ビジョンが立たずに、刹那的なビジョンで動いています。

藤岡　あまりにもむき出しで非安全です。

田中　何でもありというのは、何をしていいかわからないということです。力ある子供たちはそこから自分の能力を突き出せるでしょうが、やはりお膳立てをしたり、信頼したり、暴力ではないやり方もあることを小さいときから伝えていかなければ、安直なほうに流れてしまうでしょう。それすら手に入らない子たちは、いじめられたまま、自分で命を絶つ方式しかもうないわけです。その辺を変えていくのは、小西先生に電話をかけて救われた人だったり、何か言われたことでホッとしたりとか、出会いで変わるしかないのかもしれません。システムがないのですから。

小西　ときどき悲観的になるのですが、そういうところで満たされている人でも、今の社会の中ではとても難しいことを要求されていると思います。昔の装置でしたら、たくさんの人がまともな大人になれたわけです。今、私たちが文句を言いながらも持っている理想像はすごく難しくて、能力も必要、感情的な安定も必要、自我の安定も必要、こういう要求に本当にみんなが耐えられるのかと思うこともあります。家庭の中に子供として生まれてくること自体が、たくさんの問題を抱え込むことです。その中で、一種の近代的な人間像を目指すことが本当に現実的かどうか。昔に戻れということではないですが、それで大丈夫なのか可能なのかと思います。

藤岡　私は楽観的で、子供のあのめちゃくちゃさがいいと思います。非行少年を見ているから、ある意味で力があるのかもしれませんが、秩序とか昔の決まり事とか、「ケッ」みたいなところは結構いいかなと思っています。

小西　エネルギーはある。

依存と支配は裏表

藤岡　そこは、見ている対象が違うからかもしれません。

　ところで、依存と支配というのは、ひとつの裏表だと思いますが、どういうふうにからんでいるのでしょうか。DVでも力と依存の問題が関係していると思いますが。

小西　例えば、支配があって依存がなければ、ものすごく殺伐とした関係になります。家庭の中に自然にある支配はそうではないと思います。だからこそ難しいのですが、人間は、依存せずに生きていけるかというと、それは無理で、人に対する信頼や思い込みや、退行したり無力になったりという状態があるのが自然でしょう。ですから、独立した2人の人間が、支配も依存もせず本当に情緒的に安定してやっていけるのかといえば、それは無理な気がします。その適度な依存と適度な距離、適度な支配がなければ、一緒に暮らす意味は何もありません。

　さきほど悲観的なことを言いましたが、適度に依存し、適度に支配し、でも、2人でほどよく安定していられる関係があると、結構楽しいなという気持ちが得られればいいと思います。その楽しいというフィードバックがないと難しいと思います。それを自分自身がどうやって獲得するかが大きな問題だと思います。

藤岡　子供と親の関係だと依存と支配というのはどうなりますか。

田中　依存も支配もお互い様の関係で、いわゆる我慢もそうですが、今は支配されているが逆に頼れるという、ギブアンドテイクがあればいいわけです。子供は一方的に親に依存しなければならない時期が最低でも1年間あるわけです。それから発達段階で、少し不安になると親を頼るということがあります。今度その子が大きくなると、親が頼ってくる。そういう依存、支配の関係が、その子の一生だけではなく、その家の一生、ヒストリーとして成立すればいいのですが、今は支配と依存のバランスが悪い。

最近は、お母さんに対して、一生懸命やっても大変だから、一時休息して、子供さんを施設に預けるなり、病院で2、3日預かってもらってはどうかとすすめます。しかし社会的に認めてもらえないところがあって、親だから見なさいというのがすごく大きいと思います。我慢していいことがあれば我慢すると思います。いいことがないから、みんな我慢しないのかなという気がします。

小西　さきほどの田中先生の依存の話を聞いていて思ったのですが、子供を見、親を介護する立場からいうと、依存されることの恐さはあると思います。無力な子供がガーンと自分に依存してきたときに、自分がこの依存に耐えられるだろうかという気持ち、あるいは、例えば、親の介護を私が全部見ていかなくてはいけないのだと思ったときの不安は大きいでしょう。それは虐待などにもつながっていく負担感だと思います。逆に、そういうときは、子供を支配し、介護している親を支配しているわけですが、そちらの側面にほとんど気づかないで、一方的に依存されている感じだけが自分に強く残るのだと思います。

藤岡　依存されて、それに応えられればうれしいものです。ですから、応えられる程度の依存で収めるシステムが必要と思います。家庭が孤立しないですむようなサポートシステム。

まじめすぎることには功罪があると思います。

全部自分で背負い込むとか、全部自分でやらなくてはとか。やはり、できることとできないことがあります。できることを一生懸命やったらできたというのは、むしろ快感だと思います。自分の力を適正に使うということですが、できないところまでやろうとなると、無理をして、それが支配につながってしまうのではないかと思います。

田中　老人介護などでは実際に家族はお手上げなのです。しかし周りは親なのだから見なさいという図式です。デイケアには連れて行きたいのですが、それを言ってはいけない。周りもそんなことをしたら不憫だというわけです。実際ふたを開けて、行ってみたら、楽しく行けている。ですから、サービスがあっても、そのサービスを肯定する文化がいきわたっていない。障害のあるお子さんを施設に預けるというときも、何で親なのに預けるのかと周りが言うからなかなか預けられない。辛い役割を負ってしまい虐待に走るということもあ

ります。

小西　依存とその受容は確かに大きな問題だと、今聞いていて思いました。理想像として、ほどよい依存と支配はあり得るというのは、確かに頭に入れておかないといけないと思います。

田中　対等というきれいごとでは無理だと思います。

藤岡　それは嘘になってしまいます。依存されるほうも、依存されることの限界、依存されることのたしなみというのを持たなければならないと思います。支配するパワーを持っているほうがわきまえることによって、育てている子供も、力を振り回すことや、依存の限界をわきまえるように育っていくのではないでしょうか。

小西　例えば、昔の親でしたら、経済的な限界や、生きるための仕事をしているからという時間的な限界があって、子供にもっとやってあげたいのだけどできないという形で、自ずから限界が決まっていたと思います。

藤岡　そんなにやってくれなくてもいいのです。

小西　それがちょうどうまく働いていた――それこそ「装置」なのかもしれませんが、今は、手をかけようと思えば無限にかけられるわけです。依存に応えますと言った途端に、無限に仕事ができるという立場におかれます。

藤岡　ご飯を食べさせてくれて、学校に行くお金をくれて、あとは好きにさせてくれたほうがいい。

小西　それなのに24時間、すべての場所で支配することになってしまう。そうなると親が生きるべき親の人生が子供に引きうつされるわけですね。子供自身の人生ではなくなってしまう。

藤岡　自分の人生を重ねてしまう。親のバウンダリーがはっきりしていないということです。自分の欲求や願望が自分からはみ出てしまって、子供にのしかかっている。

田中　おもちゃみたいな感じです。髪型は変えるわ、茶髪の幼稚園児はいるわ。

小西　人形みたいに子育てやっている人はたくさんいますね。そうだとしたら、親のエゴ・バウンダリーを確立させていくということも必要になってくるわけです。

藤岡　家庭内暴力というのは、親のバウンダリーがあいまいで、そこに子供が巻き込まれて、子供のバウンダリーもはっきりしないままに、その中でねじれているわけです。

医療の枠の限界性

田中　どちらの土俵かわかりませんが、同じ土俵で向き合ってしまっているところがあります。子供がちょっとした身体症状や不登校傾向のようなことで来ることがあります。実は親がDVを受けていた、虐待を受けていたということで、子供を契機に親がどんどん来るという形もあります。だれを見ているのか、だんだんわからなくなってきます。

藤岡　両方見ると大変ではないですか。

田中　子供の様子を私が見て、あとは別の治療者に回します。保母や看護婦などチームで振り分けていきます。ただいろいろな人が介入してくると、見えなくなってしまいます。とくに、DVにしても虐待の問題にしても、医者によってはそれは病院の役目ではない、自分の中で解決することだ、甘えるなという話になったり、それぐらいは普通だというように落とされてしまう人たちも多いのです。勇気を出して相談したのに救われなかったというところがすごくあります。その辺では、さきほど小西先生がおっしゃった医療の枠の限界性というものを考えさせられます。どこかでだれかがすき間をうめていかないと辛いだろうなと思います。

小西　今はそういうところには職業がないですし、お金がついていない。

田中　また、すごく時間がかかります。

藤岡　昔はお寺の住職とか親戚や近所のおばさんが、聞いていたのでしょう。

田中　アドボケーターというのが、あまり日本の中では存在していません。例えば虐待を受けた子が、どうして自分が養護施設に行かなければならないんだ、自分はやられている側なのにもっと辛いところに行くのは変だという話をするのですが、そういう子供側からの訴えを支援するアドボケーター、子供を守る側の声がいっぱい立ち上がっていかないとだめなのかなと思ったりもします。

小西　DV被害者も同じで、私がやられているのに、何で私が家を出るのとよく言われます。

田中　予防ということでいえば、母親だから子供に対して十分な、十全な愛情を注げるのだという母性神話は私はやめようと思っているのです。例えば、発達のアンバランスなお子さんですと、早期の母子関係で良好な関係がどうしても結べない。周りからも糾弾されるということになったときに、もう少し親支援、この子は難しい子なのだから、そんなに責任を感じなくてもいいんだよとか、保健師さんが今、新生児訪問とかをしていますが、もう少しテコ入れして、親御さんにたくさんの人がフィードバックをして育てていければ、早期の関係は、そんなにぎくしゃくしないのではないかと思います。その中で、もしかしたらにじみ出てくるような悪しき世代間伝達のエピソードも消化できるかもしれないし、依存や支配の一方通行を予防できないかとも考えたりします。

ですから、今あるシステムを強化したほうがいいと思っています。保健師さんの力量をアップするとか、保健師さんの視点を変えていく。産婦人科のサービスと小児科、新生児、初産児ケアにもっと医療費をかけていいんだというようにシステムを変えてあげると、親御さんはもう少し楽に向き合えるかなと思います。

小西　今は保健師さんに要求されていることがたくさんあります。保健師さんは家庭訪問は普段からやっているので、積極的にでも普通に家庭に入っていける人となると保健師さんが一番なのですね。例えば災害時のケアでも、何か災害の直後にハイリスクの家庭があったときに、訪問するとなるとまず保健師さんです。DVの相談を受けている保健師さんもいますし。

藤岡　虐待もそうです。

小西　やはり人が足りません。

藤岡　すごく頑張っている保健師さんは頑張っています。

小西　超人的な努力をする人は、頑張ってすごくいい仕事ができていますが、そういう仕事が増えすぎて、うまく対応できていないところがあります。人員配置や教育に関して、重点を置く必要があるのではないかと思います。日本で、地域の中へ自分から入っていける人は、今は保健師さんしかいないと思います。あとは、学校の先生や保母さんが家庭訪問で行くとか。その辺は絶対強化したほうがいいと思います。

とにかく、これからは施設内で加害をした人の矯正、教育だけではなくて、社会内での教育が必要になると思います。加害者は、これまでの刑法では対象にならないような人たち、例えば、虐待しているお母さん、あるいはDVをする男性、老人介護で虐待してしまう主婦、そういう人たちの教育あるいはケアが、新しい課題としてあると思います。

藤岡　例えば性犯罪でも、矯正施設に来るのは最後の最後です。そこへ来るまでの、最初はパンツ盗みましたとか、女の子の後ろから抱きつきましたとか、わいせつ電話をかけていますとか、そのレベルでの指導と相談にのるシステムがないと、最後までいってからけしからんとギューギュー責めて、また出た後はほったらかしではバランスが悪いと思います。

お互いに力を濫用しないようにチェックしてバランスを取っていくのが、一番現実的だと思います。家庭内でも、支配が暴走するのは、そのバランスが崩れているからですし、非行・犯罪でもパワーのバランスが崩れているわけです。外のバランスもまたあるわけですが、常によその目やよその援助などによるチェックとバランスの取り方が細かく入れば、大きくは濫用されないと思います。ですから、家庭の中でも、そういう社会的なシステムとかメンタルヘルスのケアの専門家の育成とかがひとつの方向としてあると思います。

小西　それは、現実的で役に立つことだと思います。

ただ、家庭というのは、さきほどの話に出ましたが、孤立していっています。家の壁が厚くなっていて、大体メンタルヘルスの専門家というと、それだけで、「はい、来ていただかなくて結構です」と言われるところに、どうやって入っていくのかというのが大きな直近の課題でしょう。例えば思春期の子供の非行を抱えた家庭とか、離婚問題やDVなどの問題があるような家庭、あるいは、老人介護で虐待しているところに入っていくのは、すごく難しいと思います。

田中　それこそ電話相談のような部分であったり、何かアクセスしやすいケアシステムを構築していって、うまく機能していくということがないと、チェックは難しいと思います。もう1つは、きちんとした対応の結果を出さないと、言ってみても結局しかられたとか文句言われたとか、頑張りなさいと言われて、けんもほろろで終わったという

ことになります。具体的な戦略が必要だと思います。

小西　やはりケースワークなしには、実際に暴力被害を止めて、その中にいる人たちが、ある程度今までよりは楽になっていくための動きがつかないと思っています。

DV家庭での子供に与える影響

藤岡　両親の間にDVがあったり、関係がうまくない家庭の中で、子供に与える影響についてはいかがですか。

小西　簡単ではなくて、1つは一方的な支配のある家庭では、当然子供にも支配・被支配の関係が生じやすいので、虐待も多い。英米の研究を見ると、DVがある家庭で、7割の家庭に虐待があるというものもあります。その形態にしても、父親は支配する形で君臨していて、母親をも子供をも虐待するという形もあれば、父親が母親を虐待して、母親が子供を虐待する、それから、父親が母親を虐待し、父母両方で子供を虐待するというパターンもあります。子供はその中では、一番弱い、被支配の立場にあることは間違いありません。

　それと別に、DVの父親も、一応子供だけには暴力を振るわない人は結構います。子供はかわいがる。しかしそういうところでは、夫婦の不和とか母親が殴られることの目撃があるわけで、今度は子供が大人になったときの、トラウマに対するバルネラビリティに直結していくことがあります。また、一種の学習として、大人の男と女が一緒にいるときのコミュニケーションの持ち方について、暴力的、支配的な持ち方しか経験がない子供が育つということでも影響があるわけです。

ですから、多くのことが複雑に深刻に影響しています。おそらく家庭内の暴力は、次世代が育つ上でとても大きいことです。

暴力でしかコミュニケーションが持てない、どうやっていいかわからない。これはある意味では矯正可能だと思いますが、大きな要因ですね。あとは、そういう子は、大体セルフエスティームが低く、無力感が大きく、ずっと自分のせいだと思いながら育って、あるいは、母親のことをうんと憎みながら育ってきたということがあります。個別にはいくらでもそのような例を挙げられますが。

藤岡　少年院にいるのは、とにかくそういう子ばかりです。

小西　例えば男の子だと、結局最終的に父親に同一化していくことで、自分の場を確認していくこともあるかもしれませんし、女の子は、性的であることだけに意味があって、それ以外のことに女性の価値を見出せなくて、要するに母親嫌いというより、女性そのものの価値が見出せないから、自分のことも嫌いだけど、女も全部嫌いという形になって、売春などに走りやすい。その中のどれか1つでも止めると、割と変わるかもしれないと思うところもあります。

藤岡　止めるというのは。

小西　例えば、親の暴力を見ているときに、それはあなたのせいではなくて、あなたはあなたのことを考えればいいんだよと言うだけでも、親のほうはそれなりに、子供のことを愛していることが多いわけですから、それである程度助けになることもあると思います。それから、家庭の外で暴力的ではないコミュニケーションとか、暴力的ではない男女の関係を見るのも、すごく新鮮なようです。例えば、自分の家はこうだったが、割と親切にしてくれたお隣の家は全然違って、そこの家にずっと避難していたとか、そういう人は、例えば相談に来るようになったときのとっかかりがすごくあります。

藤岡　話せるだけで違う感じがすごくします。とくに被害を受けている人が、辛かったことを話せる。言えることは癒えることだというのは最近すごく思っていて、家庭などの暴力的な関係の中に閉じ込められてしまって、自分が感じていることをだれにも理解されない状態ですと大変になってきますが、そこから一瞬でも出て、自分の辛い状況を聞いてもらったり、あなたのせいではないんだと言われるだけで、全然違う感じがします。

小西　逆に言うと、私自身が今まで関わってきた虐待やシリアスな暴力の被害者で、どこにもいい関係を持っていなかった人はいません。どんなに暴力的な関係の中で育っていてもたくさん話を聞いていくとどこかにあります。学校の先生とか近所の人とか。ほんの少しでも。もしかしたら、そういう関係の経験がない人は相談には来ないのではないかと思います。

田中　糸が一本でもつながっている経験があれば、相談しよう、会ってみようという動きはします。

小西　それがあるからこそ、回復したいと思ったりつながろうと思ったりするのだろうと思います。そういう意味では、私が見ている人は、完全に絶望してしまった人ではないわけです。でもそうではない人もいるのでしょう。

藤岡　少年院に来る人たちの中では、そういう人たちは割と楽な人たちです。指導や働きかけにのってきますから。のってこない人たちというのは、本当はいい関係がたくさんあるのですが、それに気がつかないとか振り払ってきた人たちが一方にあって、もう1つは、本当にほとんどないという人たちがいて、それはものすごく難しいです。

小西　最初から自分にはとっかかりがあることを知っているわけではなく、私はだれにも1回も愛されたことがないと言って来る人が多いです。しかし探っていると出てきます。今の2番目程度の人たちだと思いますが、本当に難しい人もきっといて、普通の臨床では絶対治療にかかってこないのだろうと思います。

藤岡　最初の糸を一本つなげるのが難しい人たちは結構います。でも、どうやって作るのですか。子供は結構作りやすいですか。

田中　結局、病院に来ること自体が糸を持っているわけです。あとは、結べるかどうかの作業だけなので、それをどの辺で結ぶかということです。児童相談所の中で医診していると、本当に結べない子に出会うわけです。もう1度会いたいと言っても、そこで終わってしまう。その辺の難しさは、逆に僕は施設のほうに強いかなとも思っています。

藤岡　その子がどのくらい糸を持っているのか、どのくらい結びやすいかを探るところから、まず関係作りは始まります。

田中　親も困っていて本人も困っていて、お互いが被害者意識で困っていますから、子供が来なかったとしても親には来てもらう。親には、来ているということを伝えてもらう。それが親を通しての糸になればいいということで間接的につなぐ子もいますし、こちらから往診に行くということで、とりあえず顔だけはつないでいく。しかし本当に聞き出していくと、どこかに転校してしまったけれども実は友だちがいたとか、幼稚園時代に仲の良かった人がいたとか、そういう話まで聞けてくると少し希望は持てます。

小西　結果的によくなってきた人の経過を振り返ると、途中でそういう話を思い出してくる。結果的に、終結まで持っていったケースを見ると、必ずどこかにそういう人がいるというのが一番正確な言い方です。

藤岡　少年院で内観をやっています。内観というのは、効くときにはものすごく効きます。生まれ変わるような体験というぐらいに。でも、失敗するときにはものすごく失敗してしまいます。ある程度自我がしっかりしてきて、自分でやっていけるという自信や動機づけができてきて、その上で親にされたこと、して返したことを振り返ると、ひどいことも思い出しますけれども、やってもらったことも思い出して、それこそ感謝の気持ちを持ってという内観のねらいどおりいくのですが、それが早すぎたり自我が弱すぎたりすると、やられたひどいことばかり思い出してしまって、かえって傷つきと混乱がひどくなる子もいます。タイミングといろいろな手当の与え方を考えることが大切だと思います。

小西　ひとつのストーリーを先に提供してしまうというのはよくないですね。親に対して、怒りさえ持っていない子供もいるわけです。ひどい虐待をされているにもかかわらず最初は自責感しかない子供もいます。そういう人に、突然加害者・被害者のストーリーを与えるということは、すごく危ないことですし、受け入れられない場合治療関係がそこで中断してしまうことがきっと多いと思います。

最終的に、どういう形で親像が落ち着くかは本人任せのところもあって、こちらが何か正解を提供すべきものではありません。結果的に、かなり複雑な像として収まるのは間違いないという感じがします。自分自身を振り返っても、親像というのは常に組み変わって、ストーリーを作り直して、いつも修正しながら生きているわけです。40になっても50になってもそうなわけですから、ストーリーは常に未完です。あまり簡単に人から与えてしまうことは、やはりよくないでしょう。逆に、待っているのが大変なので、治療者が待ちきれずにやってしまうことが多いのではないかと思います。

藤岡　時間がかかりますから。しかしそういうときに、何か効果的な刺激の与え方を考えたりしませんか。例えば、ひとつの見方しかできないときには、グループはすごくいいと思います。似たような立場で、違う見方をしている人たちの話を聞くと、少し違う刺激を与えられます。あとは、本とかドラマなどの資料を使うとか。

小西　たくまざる認知刺激、認知の組み替えの刺激といいますか。1対1でやると、あなたが逆の立場だったらどう考える？　というようなことを治療者が出していかなければいけませんが、多分、ある程度人の話を聞く余裕ができると、いろいろなストーリーを聞くことが、きっといい刺激になるだろうと思います。グループは、そういう点ではいいと思います。

藤岡　目をかけ手をかけ声をかけみたいなところです。あとは、親像が複雑なところで落ち着くとおっしゃいましたが、結局、被害関係と加害関係も、複雑なところで落ち着くのが一番いいだろうという気がします。やったりやられたり、ひとつのことがやっていることでありやられていることであって、それが全部ないまぜになって、初めて現実的な対人関係になります。

加害・被害の関係と権利や責任の問題

小西　そこは私にとって非常に難しいところなのですが、法律的な加害・被害の関係や権利の問題を一緒に扱うとなると、ある行為が人の権利を侵害したとき、人は責任をとらなくてはいけない部分もあるわけです。ですから、心理的なレベルでの「複雑さ」の上に、権利や責任の問題があるということを認識していくしかないと自分では思っています。では、そういう複雑な仕組みを、実際にそれぞれの人がどうやって認知するかということについては、私はこう思っているけれども、どうぞ、自分でやってという感じでしか言いようがありません。

藤岡　子供が相手だと、私はこうだけど自分でやってというわけにもいきません。

田中　やはり子供の発達段階に合わせて、理解の仕方や提示の仕方は変わってきます。少し手を引っ張る必要があるお子さんがいれば、選択肢を見せて選ばせていって、責任のとらせ方も学ばせなければならない場合と、当然責任のとらせ方の前に、まず、承認がないといけないお子さんもいますから、それはその子のストーリーの持っていき方です。

小西　例えば加害者なのに傷ついている人というのは当然いるわけですが、その人は自分の加害行為については責任はとらざるを得ません。そこを分けて、私の傷つきは私の傷つきとして、自分の行為によって傷ついた人には共感を、そして、責任は責任としてというように考えてもらいたいと思うのですが、それはすごく難しいことなので、臨床の中ではほとんど私自身の願いとして思っている感じです。セラピーの目標としては掲げられないぐらい難しいです。

藤岡　それについては矯正施設のほうが単純かもしれません。とりあえず、加害者についてはあなたが悪いと言い易い。少なくとも法律違反ということで入っていますから、その点に関しては、とにかく責任をとって、反省して、回復のための努力をしろというアプローチをしてしまいます。

小西　それは多分施設の中にいるからできるのだと思います。そうではない人に、まず最初に責任をとって、あなたは被害者の権利を侵害したことについて償いなさいといったら、多分治療中断でしょう。それから、被害を受けたほうにしても、自分の権利を回復することは、すごく大事なことです。権利を回復してから、その後いろいろなことをやっていくこともできますし、それをしつつ、その他のことをやっていくこともできますが、あまり下手をすると、今度は権利の回復にセラピーが利用されるだけに終わるということがあります。やはり自由になる環境で、自分で来る気がある人だけを対象にしているのと、司法の強制力を用いて施設内でやっているというところで、かなり違いが出てくると思います。

田中　さきほど小西先生が、セルフエスティーム、自尊感情についておっしゃいましたが、それに対する戦略や対策のアイデアはありますか。

私自身は、そういう子供たちの、もしかしたら育たなかったかもしれないし、もともとあったのが障害を受けて落ちてしまったのかもしれませんが、それを改善していかなければ、その人たちが生活していく日常が保証されないのではないかと思っています。

小西　大人を対象として治療するときは、フェーズが2つあって、1つは、ポストトラウマの諸反応の扱いがあります。もう1つは、現在の自分のセルフエスティームやコントロール感の問題を扱います。その2つが組み合わさりながらやっていることがほとんどです。

私は自分で振り返ってみると、後者については、実際に自分に対してどういう評価をしていて、そのときにどういう認知があるかを、まず言葉にするというところから始めます。1個1個の具体的なできごとを検証しつつ、それから、うんとサポートを入れつつやっていきます。ただ、ある程度まで理解がすすみ自分はもっと自分を大事にしていいんだとわかってきたとき、現実の中でその人が役に立ったこととか、だれかに愛されることとか、そういうことがとても大事で、密室の中で私がサポートしていること以外の、外の世界での支えというのが、すごく必要だと思います。外からのサポートがあって、それが新鮮に受け止められたときに、本当によくなります。そういう機会を逃さないようにすることに気をつけています。流れとしては、うまくいくときはそのように進んでいると思います。

藤岡　子供の場合、そういうものをある程度意図的に作ったりしませんか。

田中　セッティングをして、学校や幼稚園を含めて、役割をお願いしなければなりません。声かけするとか気づくとかほめるとか。それをできるだけ自然に演じてくれるようなシナリオを書かないといけないと思います。

小西　みんなタイミングがあるのでしょう。やはりそういう外側からの援助なしには、本当の回復、少なくとも私がこれは終結して大丈夫だと思えるようなところまで持っていくのは、難しいと思います。

藤岡　二者関係でやるだけではなくて、二者関係をてこにして、やはりシステマティックに動かすほうがパッといきます。

小西　その大きさは、カウンセラーなんて無力よねと思うぐらい、ものすごく強力だと思います。

藤岡　多分、私たちが接している人たちの特徴でもあると思います。自分と人との関わりの中でぎくしゃくしている。被害と加害もそうですし、関係する中でぎくしゃくしている人たちを対象としていますから、その関係性を、二者だけではなくていろいろなところでつなげて、いい体験をたくさんさせていく。たくさんあればあるほど、それが良質なものであればあるほど、スッと上がります。

小西　そうですね。ほどよくていいのです。あなたが来てくれると、仕事が正確だから助かるわという言葉でもいいし、そのように思ってくれる人がいるという情報でもいい。けんかもするし、変なやつだと言いながらも、暴力は振わないでいて、でも彼女の扱いに困って治療についてきてくれるボーイ・フレンドとか、そういうふうでもいいのです。そういう人は、ありがたいことに世の中にまだたくさんいます。

藤岡　何度も何度も保証して。私たちの場合でも、少年同士の関わりで役割をきちんとやれたとか、あるいは何かの会で発表して拍手をもらったとか。同時にそういう少年同士や職員との関わりの中で、あいつは僕を嫌っているとか、先生は僕を絶対認めてくれないとか、本人の関係の持ち方の問題が如実に表れるときも多いですから、そういうのは違う見方だとか、そうではないのではないかとか、被害感の対象となっている職員とも相談して、こじれを少しずつ直していくような働きかけをしていく。そういう意味では、24時間生活の場で育て直す強み、それをコーディネートできる強みというのは感じます。多分、やっていることは、同じだという気がします。

田中　見事にうまくいったときというのは、担任の先生の認めてくれた一言や、近所のおじさんのちょっとした言葉だったということがあります。日常力が高まってくるのです。児童福祉士など特別な非日常の人よりも、日常の街角の人のほうが子供たちや大人をサポートしてくれるので、そこが伸びてくれればいいなと思っています。

藤岡　結局、1人の力ではどうしようもありません。関係が問題なのですから、いろいろな関係を開拓していく。自分の力をそんなに使わずに、たくさんのケースもできます。合気道のようなものです。

田中　どんどん周りの人がサポートしていく。狭い医療に縛られず、地域でケアされていく、それがごく日常的で当然なことだというようになっていくとよいような気がします。

藤岡　話はつきませんが、時間がつきました。今日は刺激的なお話をありがとうございました。

乳幼児期の母子コミュニケーションからみた両義性と両価性

小林隆児

1、はじめに

小生に課せられたテーマは、乳幼児期早期の母子コミュニケーションにおいて、「自己―他者」「子―（母）親」関係がどのような形で展開するのか、その具体的な姿を描き出すことにあろうかと思う。最近、筆者は拙著『自閉症の関係障害臨床―母と子のあいだを治療する―』[3]と『自閉症と行動障害―関係障害臨床からの接近―』[4]を著し、自閉症の生涯発達にわたる治療論の骨格を論じた。前書では、対人関係ないし社会性の成立基盤となっている乳幼児と養育者（多くの場合、母親であるが）の間のコミュニケーションがなぜ成立困難であるのか、どのような介入と援助によって、コミュニケーションが育まれていくかを論じ、後書では、乳幼児期早期の母子コミュニケーションの破綻が青年期・成人期にみられる自閉症の行動障害へ発展していく様相とその治療介入について論じている。特に後書で論じた自閉症にみられる行動障害は、発達障害の有無という相違はあるにしろ、昨今の青年にみられる行為障害と極めて近似した内容を含んでいる。自閉症にみられる行動障害の成り立ちを、乳幼児期早期の母子コミュニケーションの破綻と、それによって生じる関係障害の悪循環が拡大再生産されてゆく過程とみなす立場から、筆者は本テーマについて考えてみたい。

2、母子コミュニケーションを考えるにあたって

(1) コミュニケーションの定義

ここでは、コミュニケーションを、通常考えられている「社会生活を営む人間の間に行われる知覚、感情、思考の伝達。言語・文字その他視覚・聴覚に訴える各種のものを媒介とする」（広辞苑、第4版、1991）

という情報のやりとりを中心としたものではなく、「存在するお互いの一方が他方に何らかの影響を及ぼすこと」[7]と定義してみようと思う。そもそもコミュニケーションはその最小単位である二者関係を考えてみても、当事者双方が様々な次元でもって影響し合って成立しているとみなさなくてはならない。情報のやりとりの次元のみではなく、自己あるいは他者の存在自体が、暗黙のうちに相互に影響を及ぼし合うということを考慮することが、コミュニケーションの実態そのものに迫るためには、殊の外重要であるからである。

(2) コミュニケーションは二重の構造を有する

コミュニケーションは先に述べたような情報のやりとりという象徴水準の形態、すなわち象徴的コミュニケーションがある。ことばをはじめとする象徴機能を有するなんらかの媒体が用いられ、それを介してコミュニケーションは展開している。しかし、コミュニケーションはそのような次元のものばかりではない。そのような媒体を介さない、お互いの気持ちが通底するという情動水準のコミュニケーション、すなわち情動的コミュニケーションがある。ことばをいまだ獲得していない乳児と養育者の間で展開している世界ではまさにこの種のコミュニケーションが中心的役割を担っている。

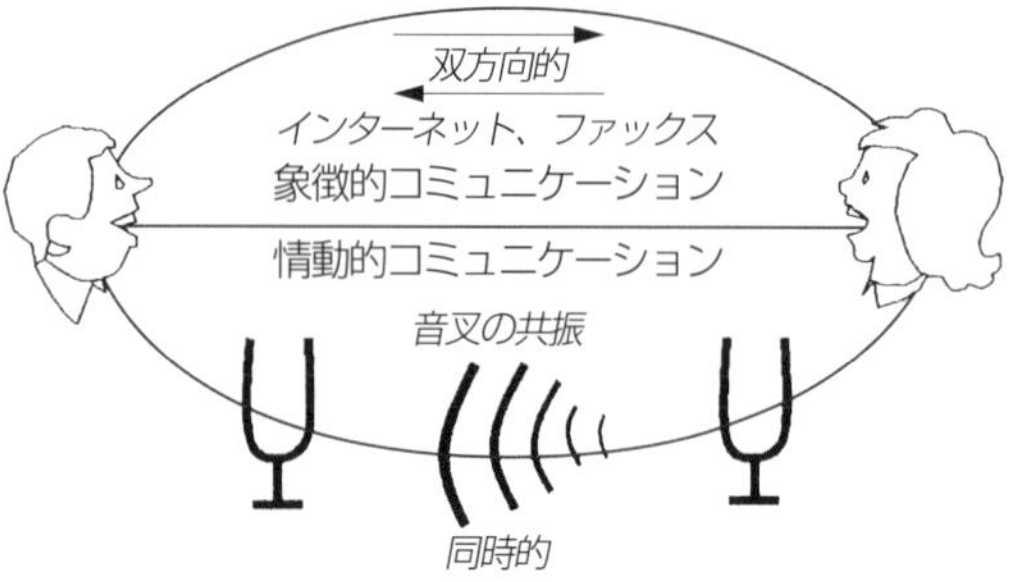

図1　コミュニケーションの二重構造

（3）象徴的コミュニケーションと情動的コミュニケーション

象徴的コミュニケーションの世界では、インターネットに代表されるように情報が一方から他方へと双方向性をもち、多少の時差を伴って双方に伝達される。しかし、情動的コミュニケーションの世界は、同じ振動数の音叉同士の、一方を振動させると、他方も同じように共振する現象と似通った性質を持っている[1]。情動の世界は当事者双方の身体が共鳴し合い、そこでは一瞬のうちに一方の情動は他方に通底する。このような情動の共鳴（共振）は、今日では脳科学の世界でもよく知られるようになってきた[9,12]。コミュニケーションは、このような性質の異なった二重構造を有している[5]（図1）。

（4）コミュニケーションの二重構造と意識の介在の有無

象徴的コミュニケーションは、言語中枢を中心とする左半球の意識的水準による営みであるのに比して、情動的コミュニケーションは、右半球で特に発達した大脳辺縁系が深く関与し、意識的に気づくことのできないものである。(11) 一見われわれにとって、コミュニケーションは意識的に行われるものとみなされがちであるが、その実態は、意識の介在しない無意識の水準で相互が深く影響を及ぼし合っている。意識の介在の有無の二重性を有しながらコミュニケーションが展開しているところに、コミュニケーションの困難さや複雑さの源があるといってもよい。

(5) 情動的コミュニケーションと愛着形成

情動的コミュニケーションは、ヒトの発達過程において、象徴的コミュニケーションの成立の基盤として、乳幼児期早期に急速に深まっていくが、そこで重要な役割を担っているのが愛着である。乳児と養育者の愛着関係は、第一次間主観性(注1)(13)から第二次間主観性(注2)(14)の成立の過程で、急速に深まっていくが、ここで養育者が子どもの情動に調律を合わせた関与のもとで、相互の情動が共鳴し合うような母

(注1) 間主観性とは、二者関係においてお互いの意図や気持ちがつかめることをいうが、特に生後3カ月になると、母親があやすと乳児は微笑むように、母子間で一体的な気持ちになる。そのことを第一次間主観性という。

(注2) 生後9カ月をすぎると、母子相互に相手の意図を把握できるようになる。そのことを第二次間主観性という。

子間の情動的コミュニケーションが展開していく。母子間の愛着形成がなんらかの理由によって破綻をきたすと、情動的コミュニケーションの成立はきわめて困難になる。環境側の要因が深く関与するものとしては虐待[10]が、個体側の要因が大きいと考えられるものとして、自閉症を始め、育てにくい子どもの事例[3]がその代表的なものである。

3、人間存在の抱える根源的両義性

先に述べた愛着を求める行動は、本来人間に備わった本能的行動であるが、このように人間は、他者と繋がり合いたいという欲求（繋合希求性）とともに、他者とは別の存在として自分で思い通りに自己実現を図りたいという欲求（自己実現欲求）を併せ持っている[6]。このような相矛盾するような欲求を人間は本来ともに有しているところに、人間存在の抱える根源的な両義性を見て取る必要がある。このような欲求は人間の行動を無意識に規定し、その結果、人間同士のコミュニケーションは、複雑な様相を呈することになる。コミュニケーションの二重構造と人間の持つこのような両義性は、コミュニケーションの成立過程に深く関与している。したがって、コミュニケーションの問題は、情動、

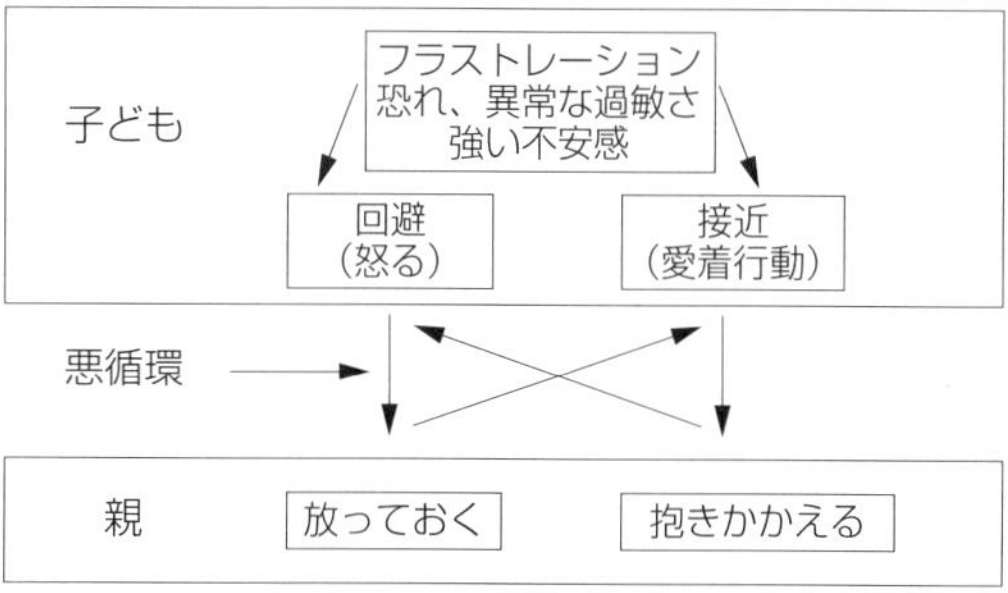

図2　接近・回避動因的葛藤の悪循環（文献8より）

欲求など、意識化することの困難な水準の問題を抜きに考えることはできない。

4、「自己―他者」「子―（母）親」「受動―能動」
―共軛的関係―

「自己」と「他者」の関係を考えてみると、すぐにわかることであるが、「自己」とは何かを概念規定しようとすれば、必ず「他者」に言及せざるをえなくなる。このように一方を規定するためには、必然的に他方を取り出さざるをえないような2つの項の関係を共軛的な関係という。[5]「子ども」と「親」、「受動」と「能動」なども同じような性質を持つ関係である。

この種の2項関係のように、共軛的関係にある双方の項は、各々が独立して単独に規定することができない。では両者はどのような関係にあるのかを、実際の母子コミュニケーションの内実に迫りながら、考えていきたい。そこで筆者が試みている自閉症に対する母子治療(3)の中から具体的に自験例を取り上げて考えてみよう。

(1)「抱く—抱かれる」

事例　史郎（仮名）（文献3、第2の事例から）

4歳9カ月時から母子治療を開始した事例である。開始直後顕著であった史郎の強い接近・回避動因的葛藤(注3)（図2）を緩和することによって、史郎は次第に母親に対する愛着欲求（繫合希求性）を強め、さかんに愛着行動を示すようになった。母子間の良好な情動調律によって情動的コミュニケーションは日に日に深まっていったが、史郎が母親のみならず、父親や1歳上の姉にも盛んに接近しては自己主張やちょっかいを出すようになっていった。すると特に姉は嫌がり、史郎に対して攻撃を加えたり、拒否したりするが、このように姉に嫌なことをされると、史郎はきまって母親を叩き、引っ掻いては自分の怒りを母親に向けていた。

そのような中で治療開始から5カ月ほど経過したある日、母親はついに耐えきれず、史郎の胸の中で泣くまねをすると、母親が日頃してやるように、史郎が母親をきつくしっかりと抱きしめてくれた。ただ、この時の母親には、史郎がまるで自分の気持ちを鎮めているように感じられたという。（文献3、P・186）

ここで認められる母子コミュニケーションのエピソードは、コミュニケーションの持つ両義的な側面をわかりやすく示している。

史郎は、痛みを訴える母親を慰めるかのようにして母親を抱いていたが、母親には、逆に史郎の方が母親に抱かれて、自分の気持ちを鎮めているように感じられている。実際に行動面で抱いているのは史郎の方であったが、気持ちの中では母親が史郎を抱いて慰め、史郎は母親に抱かれて慰められていたのである。

史郎がこのような行動をとった背景には、自分が痛い思いやつらい思いをした際に、母親にしっかりと抱きしめてもらったという心地よい情動体験があり、この時のエピソードでは、おそらく史郎に

(注3)　自閉症をはじめとする非常に過敏で不安の強い子どもは、強い欲求不満、恐れ、不安感を抱きやすい傾向をもち、回避欲求が非常に強いために、接近行動を起こしても、いざ親から抱きかかえられそうになると回避行動が誘発され、さらに回避行動を起こして親から放置されると接近行動が誘発されるという悪循環を繰り返す。そのため両者間に愛着関係が容易には成立しない。このような特徴を持つために、愛着形成が困難となる。

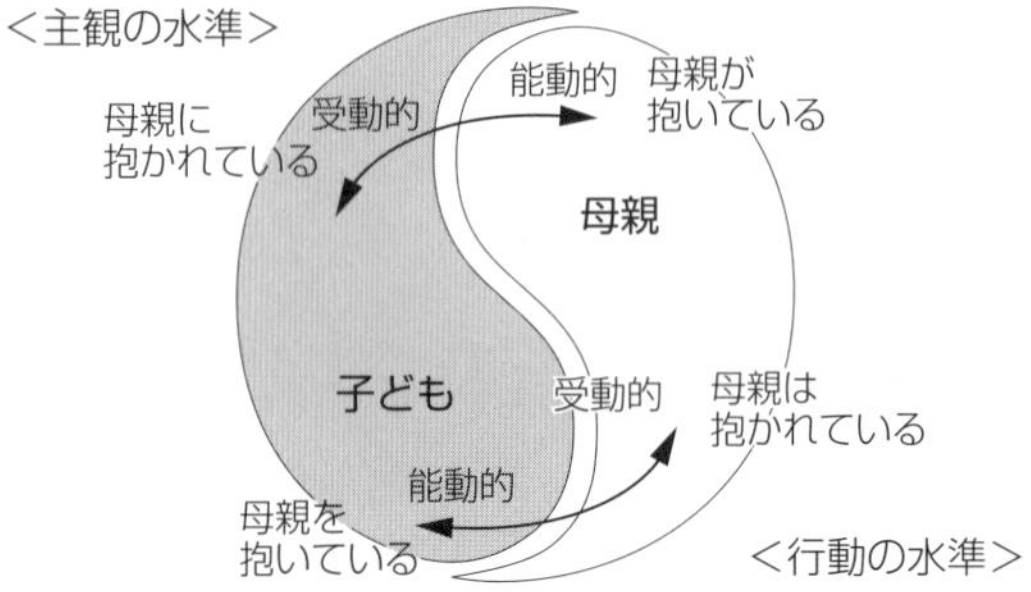

図3　二者間交叉モデル（両義性モデル）（文献6より）

その心地よい情動体験が想起され、それが引き金となって、史郎は思わずこのような行動をとることになったのであろうと推測されるのである。

行動の水準と主観の水準を含めてここにみられる母子コミュニケーションの様相を図示したものが図3である。行動水準では史郎は母親を抱いているが、主観的には母親に抱かれ、その逆に母親は行動水準では史郎に抱かれつつも、主観的には史郎を抱いているという関係である。「抱く」という能動的な行為の背景には「抱かれる」という受動的な行為が潜んでいることがうかがわれる。ここに、コミュニケーションを行動水準のみではなく、主観的水準にも踏み込んで捉えていくことの重要性が示唆されている。

この例でわかるように、対人関係において「握る―握られる」、「抱く―抱かれる」、「触る―触られる」場合のように、二者の身体が直接触れ合うことによってお互いの感受機能の能動性と受動性が交叉する時には、どこまでが自分でどこからが相手かを明確には分けることはできない。二者間の身体と身体が相互に浸透し合うという関係にあるということができるのである。

図3に示された二者間交叉モデルは、鯨岡がこれまでのコミュニケーション研究がもっぱら行動水準で二者間相互作用モデルを基本に行われてきたことを批判し、関係発達において提唱したものであるが、(6) この事例にみられる史郎と母親の関係性の特徴は、二者間交叉モデルによってとてもよく描き出すことができるように思う。

(2)「成り込み—取り入れ」

事例　翔太（仮名）（文献3、第1の事例から）
3歳3カ月時から母子治療を開始した事例である。史郎と同じく、開始直後顕著であった強い接近・回避動因的葛藤が治療介入によって緩和し、翔太の愛着欲求の顕在化とともに、母子間の愛着関係は急速に深まっていった。
治療開始から16カ月経過し、彼は次第に自己主張も盛んになり、情動的コミュニケーションから象徴的コミュニケーションへの過渡的段階と思われる状態に入っていた。この頃起こった翔太と母親との間のコミュニケーションのあるエピソードである。

数日前から朝起きるとすぐに母親に「(何かを) トッテ」と要求することが多くなってきた。母親にしてみると何をとってもらいたいのか、本人の好みがいくつかあるので想像できるのであるが、何かはっきりとはわからない。そのため時折違った物を持っていくとひどく不機嫌になってしまう。自分の希望の物を持ってきてもらうととてもうれしそうに反応している。ではどうして何を持ってきてほしいと明確に言わないのか、言えないのだろうか。日頃ほしい物に対して何らかの表現方法は身につけているのであるから言ってもよさそうなのだが、それを母親に直接的に言わない。なぜなのか母親は首を傾げている。(文献3、P・118)

同じようなエピソードが先の史郎の事例にも認められている。

事例　史郎

治療も順調に経過し、母子コミュニケーションは一段と深まっていたが、治療開始からほぼ1年ほど経過した頃の母親が書いた日記には以下のようなエピソードが記されている。

……絵を描いて、自分が何を描いたか、私に言わせようとする。絵を指さして、私の方を向いて「言って」というふうに少し催促する声を出す。目を見ても「これはなんだ?」と「言ってみて!」という気持ちがよくわかる。すぐにパッと答えてあげられれば大満足で安心する。でも、時々ど忘れしてことばにつまることがある。そんなときは、小さな声でそっと頭文字のことばを教えてくれる。「パーキング」なら「パ」、「プリンスホテル」なら「プ」、頭文字がはっきり聞こえず、こちらがわからないと、すごく怒る。1日に数回は怒らせてしまう。たまに途中で私がわかって正解を言うと、パッと目に涙をためながらも笑ってくれて落ち着く。切り替えは早い。（文献3、P・208-209）

ここにみられる母子コミュニケーションの様相は、子どもと養育者のコミュニケーションが深まり、情動的コミュニケーションから象徴的コミュニケーション、つまり情動が通底し合うというコミュニケーションから次第にことばを媒介としたコミュニケーションへと進展していく際の過渡的段階にみられるひとつの特徴をよく示している。

ここで認められる現象はたしかに両者間にことばが介在してはいるが、ことばそのものがコミュニケーションの媒体としてはほとんど機能していない。子どもが今心に抱いている内的表象を、母親が子どもの気持ちに成り込み[5]、子どもの内的表象を想起することによって、母子はある内的表象を分かち合うことが可能になり、そのことによって両者間で大きな喜びを分かち合っている。彼ら自身の心の中に浮かんだ内的表象の世界を母親にことば（親が身にまとったことば文化）で語ってもらい、自分の内的表象と大人のことば文化の世界とが重なり合うことに大きな喜びを抱くことができたと筆者には思われる。

ではここでなぜ彼らは母親に自分の欲しい物を、あるいはわかってもらいたいことを、心に思い浮かべているにもかかわらず、ことばでもって伝えようとしなかったのであろうか。明らかに母親が自分の気持ちを分かち合ってくれているか否かを試しているように見える。ここに「（母）親（育てる者）—子（育てられる者）」という非対称的関係におけるコミュニケーションの過渡的段階でのある特徴を見て取ることができるように思う。

ことばによるコミュニケーションという文化的な営みは、育てる者にとっては至極当然の自然な行為であるが、ことばの獲得過程のいまだ途上にある子どもにとっては、ことばは自ら自由に操ることのできるような道具ではない。しかし、ことばを獲得して大人文化の仲間入りをしたいという欲求（自立したい欲求）を持つがゆえに、子どもは母親を自らの方に引き寄せて、母親に自分の内的表象をことばで語ってもらうことが、大きな喜びとなっている。母親に依存しながらも、コトバ文化を取り入れたいという欲求をも同時に実現している。依存（繋合希求性）と自立（自己実現欲求）の欲求が深

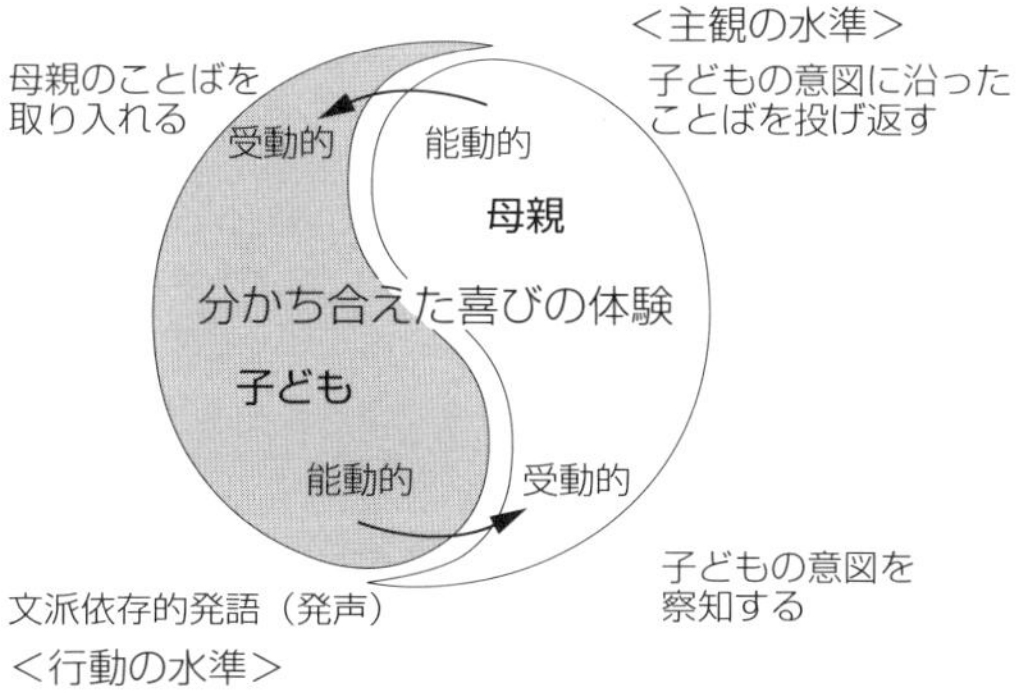

図４　分かち合いコミュニケーション（文献６より）

く錯綜しながら展開している母子コミュニケーションの一断面を見る思いがする。

筆者はここに見られる母子コミュニケーションの様相を、「分かち合いコミュニケーション」（文献６、Ｐ・２４２）と称して、情動的コミュニケーションから象徴的コミュニケーションへと移行する過渡的段階でのコミュニケーションとして抽出し、図４のように描き出した。

この過渡的段階のコミュニケーションは、お互いが自分の意志を相手に何らかの媒体を通して「伝え合う」という形態ではなく、お互いの内的表象を「分かち合う」ことを一義的な目的としたものだとみなすことができる。このようなコミュニケーション段階の存在は、子どもに言語的働きかけをする上で非常に重要な意味を持っている。まずは養育者（治療者）が子どもの心の中に浮かび上がった内的表象（体験の共有に基づく）を感じ取って、それをわれわれの文化の側に引き寄せてことばでもって表現してやることによって、子どもは自分の世界が養育者の世界と繋がり合った（繋合希求性）という実感を持つようになり、それが子どもにとって大きな喜びとなる。このような質のコミュニケーションは愛着形成を基盤として成立する情動的コミュニケーションの世界の充実があって初めて可能になるのである。

この「分かち合いコミュニケーション」においては、養育者の果たす役割は、子どもの気持ちに沿うという受動性とともに、子どもの気持ちに沿いながら（成り込みながら）自らの判断でもって投げ返していくという能動的な関与が要求されているのであって、ただ単に子どもに合わせていくという受動的な営みでは決してない。ここに養育者の主体性が問われている。相手に合わせながらも、能動的、主体的に関与するという、受動的でありながらも能動的でもあるといえる両義的関与をここに見て取る必要がある。

5、両義性と両価性

これまで述べてきた乳幼児期の母子コミュニケーションにおいて、愛着形成を基盤にした情動的コミュニケーションの成立が困難な事態に陥ると、そこでのコミュニケーションの様相はどのように変化していくかを、次に検討してみよう。

事例　A男（文献2の事例A男より引用）

3歳6カ月時、母子治療を開始した事例である。A男は、一時期育児不安が強まって里帰りした母親との間で、容易にはコミュニケーションが成立しない状態にあり、初診時の行動特徴から自閉症と診断されている。

A男は少しずつ治療室の雰囲気にも慣れて、自分の意思をはっきり示すようになってきたセッションでのあるエピソードである。

両親で治療に参加し、両親とも積極的に働きかける様子が目立っていた。マットに転がっているA男を見ると、両親は彼に逆立ちをさせようと働きかけ始める。しかし、その時のA男は母親と一緒に楽しみたいという甘えたそうな仕草を取っていた。そのような時に母親は「ひとりでやってごらん」と自立を促す働きかけをする。そうかと思えば、明らかに子どもはひとりで遊びたそうにして両親から回避的態度を取っているにもかかわらず、両親ともに過剰に接近して積極的に働きかける。こんな時には日頃扱うことを禁じているような遊びをことさら勧めている。

この事例では、治療開始時には、子どもの側に接近・回避動因的葛藤が強く認められていたが、介入によって緩和していくと、次第にA男は自分の意志をはっきりと主張するようになり、われわれには彼の行動の意図がとてもわかりやすくなっていた。当初は子どもの側の接近・回避動因的葛藤によって母子間のコミュニケーションがうまくいかないことが多いが、葛藤が緩和して子どもの愛着欲求が行動として顕在化していくと、母子コミュニケーションの様相は一転する。子どもは母親と一緒になりたいという愛着欲求をさかんに行動で示すようになっている。それにもかかわらず、母親は子どもに自立を促して結果的に子どもを突き放している。

このような関係を幾度となく経験すると、子どもも傷つくことを恐れ、ひとりで何かに没頭しようと試みる。すると今度は逆に母親の方が不安を起こして、子どもに普段はさせたくないような遊びに誘い、一緒に遊ぼうと子どもの機嫌を取るようにして、自分の側に引き込んでいる（図5）。

なぜこのような母子間の気持ちにずれが起こるのであろうか。その背景には、母親自身が乳児期早

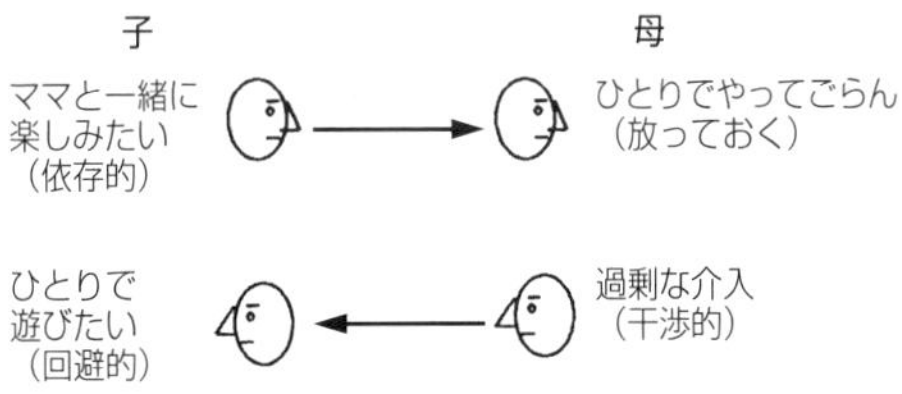

図５　母子間の気持ち（意図）のずれ

期から家庭の事情で親戚に預けられ、そこで幼児期をおくったという生活史があった。そのため、母親は幼児期から愛着欲求をいつも抑えて生きていかざるをえなかった。そうした愛着をめぐる葛藤が、現在の子どもとの関係において、このような形で再現されているのである。愛着をめぐる葛藤の世代間伝達である。子どもの愛着欲求が高まると、それは双方の間で共鳴することなく、母親は無意識のうちに否認して、子どもを突き放し、自立を促す働きかけをしてしまっている。

このような母子コミュニケーションは、母親自身意識的に行っているわけではなく、意識の介在しない情動的コミュニケーションの水準で起こっている。このようにして、愛着をめぐる葛藤の存在によって母子間の情動的コミュニケーションが破綻することになる。

情動的コミュニケーションが破綻した母子コミュニケーションにおいては、子どもは気持ちの上では愛着欲求を抱きながらも、親の働きかけに沿って行動せざるをえなくなる。またひとりになって何かをしたいという思いを抱くと、親の働きかけに誘い込まれていく。その結果、自分の欲求は常に葛藤的になっていく。両価性の強まった心的状態ということができる。人間が本来有する両義的心性が情動的コミュニケーションの破綻した状態にあっては、この例でわかるように両価的にならざるをえないのである。両義性は人間の心が本来有する自然な性質であるが、両価的心性は、対人コミュニケーションの破綻した状態、とりわけ情動的コミュニケーション形成の困難な事態によってもたらされた病理的心性として区別されなくてはならない。

6、おわりに

人間は本来両義的な心性を持つ存在であることを述べ、そのことによって母子コミュニケーションはどのような様相を呈するかを、愛着形成の成立の成否による情動的コミュニケーションの質的差異を示しながら論じた。愛着をめぐる葛藤が母子のどちらかに強く残存していると、情動的コミュニケーションは容易に深化せず、人間の持つ両義的心性は、母子関係の中で強い葛藤を生み、それが次第に肥大して、ついには不適応行動や多彩な行動障害[4]を呈することになる。

「自己」と「他者」は、本来最初から明確に区別されたものとして存在するのではなく、ヒトが人間になっていく過程で、養育者との心身共に一体となった関係の中で、両者が融合し浸透し合った関係の蓄積を通して、初めて浮かび上がってくるものなのであろう。このように人間は、つねに逆説的ともいえるような「自己」と「他者」が錯綜し合った関係の中で生きている存在である。

軽度発達障害のある子どもたちにおける被害体験と加害行為

――共生するために尊重されるべき異文化――

田中康雄

はじめに

ここで取り上げる軽度発達障害とは、全体的認知障害から診断される知的障害、部分的認知障害から診断される学習障害、運動機能から判断される発達性協調運動障害、対人関係を中心とした社会関係性の問題から診断される広汎性発達障害、行動上の問題から診断される注意欠陥／多動性障害などで、機能的な障害そのものは軽度でありながらも、それぞれの診断的視点が異なり、個々は微妙に重なり合い、成長のベクトルに沿って変化していくと考える一群を指す。

これは、①健常児との連続性のなかに存在し、加齢、発達、教育的介入により、臨床像が著しく変化し、②視点の異なりから診断が相違してしまい、③理解不足による介入の誤りが生じやすく、④2次的情緒・行動障害の問題が生まれやすい、という共通した課題[16]を抱え、機能的な障害の程度と社会的な適応能力が比例しにくいという問題を孕んでいる。

本稿では、軽度発達障害のある子どもたちに認められる被害体験と、彼らが示す加害行為について考察し、彼らと共生する上で尊重すべき視点について論じる。

1、軽度発達障害のある子どもたちの被害体験

子どもたちが経験する被害体験で、もっとも深刻なのは「いじめと虐待」である。

学校内における「いじめ」の発生件数は、平成11年度3万1369件で60％以上が中学生である。

被害少年の特徴では、力が弱い・無抵抗な子ども、いい子ぶる・生意気な子どもなどがもっとも多く

を占めている[14]。大学生を対象とした回顧的調査[2]でも、「いじめられていた子ども」の特徴として、おとなしい、暗い、無口、弱いといった「弱者因子」、理屈っぽい、威張っているといった「目障り因子」、勉強ができない、忘れ物が多い、貧しいといった「劣等因子」、身体的欠陥などによる「ハンディキャップ因子」という4つの因子が抽出された。

これらは、軽度発達障害のある子どもたちと重なる点が少なくないように思われる。軽度発達障害のある子どもたちが、どの程度「いじめ」にあっているかは不明としか言いようがないが、心身症的症状や登校渋りを示す子どもたちのなかに軽度発達障害が認められ、症状に「いじめ」が関与しているということは、臨床の現場では比較的よく経験する。彼らの多くは完全な不登校に至ることが少なく、症状を示しながらも登校し続けているか、保健室登校や頻回な遅刻・早退に踏みとどまっている場合が少なくない。

彼らの示す「いじめ」への対応行動は、胸が苦しくなるほど不器用である。

いじめに対して、担任に相談しなかったのか？　という質問に「先生というものは、生徒のそうした声を聴いてくれないものです」と言い切った小学生。「いくら話しても、先生は信じてくれない」と、うなだれる中学生。「くだらない、相手にしても仕方ない」と苦笑する高校生。彼らは、「イヤな目にあいながら」も、同時に「あきらめ」ている。身を隠すことに、別の居場所を求めることに、誰かに話をして問題を解決していくことに。

彼らは「SOS」を出さないのでも、「SOS」が上手に出せないのでもなく、「SOS」そのものを信じていない。

中井は、いじめの過程は「孤立化」、「無力化」、「透明化」という順序で進み、最終的に自己の無価値化に至ると述べたが、軽度発達障害のある子どもたちは、すでにその成長過程で、「孤立・無力・透明化した自己像」を経験している場合が少なくないように思われる。

学芸会の練習期間中、「他の園児のセリフまで、全部覚えていて、常に先にしゃべってしまうので、彼には木の役をしてもらいました」という保育士。「おもちゃは買ったそばから壊し始めてしまいます」、「3日ともたずに飽きてしまうんです」、「何度言っても約束を守ってくれません」と子のそばで嘆く母親。一生懸命挙手している小学生に、「最初から最後まで、わからなくても手を挙げ続けるのです。授業妨害に近いですよ」と指名せず無視を決め込んだ担任。あまりにも授業準備に手間取るため、「君はもう準備をしなくていい、黙って座っていればいいから」と指示したため、以後中学進級後も、学習準備をせずに授業時間中居眠りばかりしていた生徒。

存在自体が「孤立・無力・透明化」に向かっている、といえないだろうか？

いじめの定義はさまざまであろうが、ここでは、①自分より弱い者を一方的に、②身体的・心理的攻撃を継続的に加え、③相手が深刻な苦痛を感じているもので、④学校としてその事実を確認しているが、いじめの起こった場所は学校内外を問わないという文部科学省の定義を引用すると、前述した大人達の対応はいじめに該当しない。しかし、軽度発達障害のある子どもたちは、このような理解と配慮を欠いた対応から「孤立・無力・透明化した自己像」に直面し、自己の無価値化に向かう。

もう1つの被害体験である「虐待」は、主たる養育者である親からの不適切な養育行為がほとんどである。[3] 子どもの特徴、環境情況、子育てに関する能力、愛着の強弱などから虐待が生まれる要因を検討したR・グッドマンによると、育てにくい子どもも要因の1つに挙げられており、軽度発達障害も不適切な養育行為を生じさせやすい要因として否定できない。

一般的に、虐待被害にあう子どもには、「SOS」の受信先が見あたらず、「イヤな目にあい続け」ながら、「あきらめ」ざるを得ない。ほとんどは、信頼に値する大人の出現を失望し断念している。いじめの過程同様、「孤立・無力・透明化した自己像」と自己の無価値化に陥りやすい。

いじめや虐待を経験している子どもたちは、自らの被害体験を語りにくく、自己の無価値化、低い自尊感情、抑うつ、孤立・劣等感といった2次的情緒障害が加わりやすいといわれているが、軽度発達障害のある子どもたちは、いじめや虐待に晒される前から「孤立・無力・透明化した自己像」と自己の無価値化を呈しやすく、さらにその後、いじめや虐待にもあい、二重に危機的状況へ向くという悪条件が重なり合っている可能性が高い。

一方で、軽度発達障害のある子どもたちは、歩いていて肩が触れた、目が合った、並んでいて押された、といった日常よくある情況に対して、「わざと」ぶつかってきた、通りすがりに「なにかイヤなこと」を言ったように感じた、「にらんだ」ように、あるいは「薄ら笑い」を浮かべて去っていったように思えた、など他者の行為を被害的に、あるいは相手に悪意があると一方的な解釈で結論づけることがある。これは「悪意への帰属錯誤」と呼ばれ、常識的な範疇を越えたように思われる場合は、その人に妄想性認知が作動したと判断することすら可能となる。

軽度発達障害のある子どもたちは、幼少時期、そもそも「ＳＯＳ」の受信先を持てていないため、その行為がどのような感情を伴って行われたかを確認する機会が少なく、そのため自己流の解釈をして納める。そこには「孤立・無力・透明化した自己像」と集団社会に帰属できない強い「余所者意識」があるので、安心意識は弱まり、強い警戒意識が生まれる。軽度発達障害のある子どもたちの悪意への帰属錯誤は幼児期から持続しており、思春期を迎えたとき、思春期心性も関連して行動化しやすい[19,20]。すなわち、その場から撤退するか、ひじょうな我慢を強いて留まろうとするか、時々激しい怒りを自分自身や家族へ向けることになる。さらに、他者に対して不快感を与えている、他者から嫌がられているといった自責感と忌避感を持つに至る思春期妄想症[5]とは異なり、他者の行為に強い警戒意識と悪意を感じ、あくまでも「自分は理不尽な目にあっている」という怒りを伴う被害意識を持つため、次節で述べるような（正当防衛としての）加害行為を生みやすい。

2、軽度発達障害のある子どもたちの加害行為

母：「息子は、いつもここ（児童外来）に来るときに、ナイフを持って来るのです」
私：「なぜ、ナイフを？」
母：「以前、入院したときに病棟の職員さんに『君は英語が得意だね』と言われたことがあります。息子は『あの職員は、俺が英語を苦手にしていることを知っているのに、あんなことを言った。俺は別に得意気になんかしていない。俺を馬鹿にしている！』と。時々家で思い出しては怒り出します」

私：「それで、職員に仕返しを？」
母：「いいえ、息子は『また、あの職員にいやなことを言われたらたまらない。自分がもたない。だから、言われそうになったら、これを見せて黙らせる』と言うのです」
私：「なるほど、自分を護るために必要なのですね」

これは、軽度発達障害のある子どもの母親が、通院時にナイフを所持し続けている息子を心配して相談に来たときの私との会話である。もちろん実際には、彼が外来でナイフをちらつかせたり、振り回すようなことは1度もなかった。

精神医学的には、彼にある軽度発達障害が示す社会性の障害と、体験したことが時間の経過によっても薄まらずに突然想起されるというタイムスリップ現象(15)を認めることができる。しかし、その背景には前述した「自分は理不尽な目にあった」という怒りを伴う被害意識から生まれた（彼にとっては）正当な自己防衛と理解できる。しかし、万が一彼がナイフを振りかざせば、それは反社会的行動と判断される。

「今回で2回目の万引きです。前回同様に、本人は自分1人でやったと言い張るのですが」と困った表情で相談に見える少年係の警察官。軽度発達障害のある少年は、以前から友人がほしくて、いわゆる不良グループのメンバーに声を掛けられ、万引きの「見張り」中に捕まった。今回で2回目になる。事件発覚後、逃げ遅れる彼だけが常に捕まり、警察に取り調べを受けると決まって主犯格を決め込む。「友人を売ることなんてできないですよ」と彼は外来で言い張る。やっと手に入れた「安心を得ることのできる集団」を大切な宝物かのように扱う彼に対し、『その友人は、本当に君を思う親友ではないはずだ！』と、怒りに似た思いで彼の話につき合う。結局家庭裁判所は保護観察処分という決定を下した。

「あいつが暴力をふるえば、退学になってしまうので、私が代わって殴ってやった」と校内暴力の顛末を語る軽度発達障害のある少女。「でも、それじゃ君が退学にならない？」と尋ねると、少女は「私はいいの、別に。何とかなるし。だって友だちを放っておけないでしょ！　それに、私なんて、どうなってもいいんだ」と泣きながら明るく言い切る。学校内では、彼女が不良グループのリーダーとして困った存在と認められており、結局長期の出席停止処分となった。

いずれも相手を思う気持ちと、自分を大切にする判断にギャップがある。軽度発達障害のある子どもたちの加害行為あるいは迷惑行為には、こうした自己防衛的、自己犠牲的、あるいは集団帰属性を維持しようとした切ない結果と考えることができる場合がある。

その背景に、「孤立・無力・透明化した自己像」と自己の無価値化に関連した捨鉢な気分や、対人希求あるいは集団帰属性を強く求める心性と、思春期心性とがかけ算のように膨張した心象を見ることができる。

そのため、従来「罪障感」を喚起することを目的とする学校や警察、家庭裁判所における対応・処遇が、彼らには「理不尽、無理解な対応」や「とまどい」の原因となり、「大人はわかってくれない」という思春期心性からだけでなく、幻想に近いアウトロー的集団主義を強化することになる。その意味では、藤岡[1]の「やられる前にやる」という強い決断は存在しがたい。これは、軽度発達障害のない（思春期）非行少年との鑑別点となるのではないだろうか？

3、軽度発達障害のある子どもたちと共生するために

軽度発達障害のある子どもたちにおける被害体験や加害行為は、その背景に、「孤立・無力・透明化した自己像」と自己の無価値化に関連した捨鉢な気分や、対人希求あるいは集団帰属性を強く求める

心性が窺えるという視点に立ち、この背景を少しでも緩める対応策を検討したい。

軽度発達障害のある人たちに出会うと、社会・集団に対峙して（孤立・無力・透明化した）自己の存在証明を求めながら、彼ら自身、自らと他者とのコミュニケーションの取り方に悩み困惑し、関わるわれわれも、彼らの世界と私（達）の世界とのコミュニケーションを、どう取るべきか迷っていることに気づく。

先生、私にも名刺が必要です。どうか私に診断名を与えてください。
そうしないと世の中の人々は誰も私の話に耳を傾けてはくれません。
〈仮の名刺〉でよいのです。
だって、それは私の側の都合ではなくて世の中の側の都合なのですから。
そもそも私達は分類されたいと思っている訳ではないのです。
―事実は〈私は自閉である〉ということだけ―

これは、軽度発達障害のある大人の方が、診察時に主張したことである。彼女は、われわれの主催している軽度発達障害の懇話会が発行している会報に対して、誤植だけでなく誤解されやすい表現に対して、丁寧な指摘をしてくれている。
以下は懇話会の事務局長に宛てられたメールの一部である。

本音をお伝えしようとすれば〈善意〉に水を差すような結果にもなりかねず、かといって、声を上げなければ何も伝わらない。
そうして声を上げたからといって、本当に意図するところがそんなに簡単に誤解なく伝わる事などないことくらい判りきっているはずなのに……、
誰にとっても〈良い結果〉などという事などありえないことくらい判りきっているはずなのに……、それでも声を上げていかなければならないような、なぜかそうしなくてはならないような……、そんな気分になる事があります。
苦しい時期を通り過ぎてきた者として、差し延べられた善意の手さえ凶器と化してしまうような孤独な少数派の意見として……、
罪悪感にも似た思いを抱きつつ発信した失礼極まりない私の戯言などに、真摯に耳を傾け受け止めてくだ

さった事、とてもうれしく思いました。

行政や療育といったものに関しては、一方的な価値観やマニュアル的対応を強要され、随分と苦しめられてきた経緯もあり、半ばこの世の中にはあきらめ気分でいる私なのですが、ちょっとだけ雪解け気分を味わったりなどもいたしておりました。

本人の承諾を得て引用した。１つの例から汎化するつもりはないが、軽度発達障害のある人たちが対人コミュニケーションに臨む以前の困惑さについて、少しでも理解あるいは受け止めていただければと思う。

軽度発達障害のある子どもたちに認められる「被害体験と加害行為」は、孤立・無力・透明化に晒されながらも、眼前の社会・集団を依存対象として、適応あるいは奮闘した途上の産出物で、社会・集団内適応の難しさを表している。この難しさを個々人の適応能力にのみ還元するのではなく、その社会・集団が個々人にある差違性に対してどれほど寛容であるか、どの程度の許容度を持っているかも重要視されなければならない(8)。すなわち社会・集団の閉ざされかた、開かれかたが関与している。

さまざまな差違、あるいは多様性をもつ人々と向き合うとき、金子みすゞの「わたしと小鳥とすずと」という詩がよく引用され、最後節の「みんなちがって、みんないい」という文言がひとつの理想的視点と評価されている[22]。

しかし、私は、「みんなちがって」から「みんないい」までに至る距離は、句読点ひとつでは推し量れないほど遠く、果たして「みんないい」にたどり着けられるのかという疑問も抱いている。

みんな違う（差違性）ということを認めることは容易ではなく、1人ひとりを理解すること自体、無理なことである。「人は人が分からないということから出発すること」が重要であり、分かること、早く分かることにこだわる必要はなく、分からないことを分からないこととして認め、分かり合えることのできたわずかな接点を大切にしつつ[13]、尊重しつつ折り合いをつけながら向き合う、ということが対人コミュニケーションのあり方であろう。

優れた臨床家[6, 24]は、発達障害のある子どもたちと対峙した瞬時に、わずかな接点から対人コミュニケーションの糸を紡いでいくが、これなどは選ばれし者の感性に裏打ちされた名人芸と呼ぶべきものである。しかし、日常の教育の現場でも、寛容と許容のもと、相手を尊重し続ける人たちがいる[4, 17, 23]。彼らに共通していることは、まず相手を無条件に尊重するという視点である。障害の有無にかかわらず人間を見つめている姿勢である。「みんなちがう」ことを自明とし、それはそれとして、「あなた（私）」

1人ひとりと向き合い続ける意志が窺える。句読点ひとつの距離を、痛みとして熟知しつつ、「みんな」でなく、あくまでも「あなた（私）」と共生する重要性を教えてくれる。

成長途上のさまざまな学びの場である学校という建物の中に彼らが居る（居た）という事実をうれしく思うと同時に、このような「存在を尊重するまなざし」こそが、軽度発達障害のある子どもたちの自己像の回復、被害体験と加害行為の歯止めになると信じたい。

こうした現状の対応策に加え、孤立・無力・透明化に晒されやすい軽度発達障害のある子どもたちを、早期の成長過程から尊重する社会的なまなざしの転換が求められる[18]。

そのためには社会的知性の育成を急ぐ必要がある[21]。しかも、障害理解という知性だけではなく、軽度発達障害の世界も学ばねばならない[9]。閉ざされた集団社会の仲間内との関係では安心し、余所者に心を許しにくい日本の集団主義あるいは囲い込み社会から、より開かれた社会へ移行して、一般的信頼を育てていくために[12、21]、社会・集団は、軽度発達障害の世界を「異文化」として理解したうえで共生することを目指すべきである。帰属意識を持つ民族色や文化的特徴と歴史的背景を事実として学ぶことが、異文化理解の第一歩であるが[11]、同じ文化内で生活していても、生活環境の変化により、世代間で獲得する「物事への様々な知識（スキーマ）」が異なるため[10]、同じ文化圏内にある個々の差違性をも認め合う必要がある。社会に求められるのは、こうした広い意味での異文化間コミュニケーション教育を受け入れる、開かれた姿勢である。軽度発達障害のある子どもたちは、1人ひとり「みんなちがう」、ということを自明として理解し、個々人はさまざまなことを自分の意志で選択できる、ということを尊重しなければならない。関係者は、こうした個々の法的・社会的権利を護り代弁するアドボケーター意識を持ち、個々が尊重されたうえで自己決定し適応していけるための社会的知性を啓発していかねばならない。

軽度発達障害のある子どもたちを考えるとき、「みんないい」といった価値観としての「よい、わるい」をゴールとせず、異文化として「みんなちがう」ことを共通認識し、尊重し合い、共生できる（お互い様の、折り合いのつく）社会・集団作りを目標に置きたい。それが、閉ざされた社会から開かれた社会へと変化していく現状の、求められる姿となる。共生する社会とは、十分な知性に基づく相互理解に支えられながらも、過干渉にならず、ほどほどの距離感で互いの不可侵条約を尊重する、親しき仲にも礼儀あり、といった世界といえる。

おわりに

本論では、軽度発達障害のある子どもたちにおける被害体験と加害行為を考察し、対応策として彼らと共生するうえで必要な異文化的視点について論じた。私にとっては、あまりにも大きすぎるテーマであり、道半ばにして道に迷いこんだ感が強い。社会と個々人のまなざしの転換に期待しつつ、より具体的な実践とより十分な考察を今後の責にしたい。

青少年の手首自傷（リストカット）の意味するもの

安岡　誉

1、はじめに

私が手首自傷症候群について紹介し[4]、西園と私が臨床経験を報告[1]してから、すでに20年以上も経っている。しかし、現在でも、手首自傷をする青少年は跡を絶たないようである。

ところで、30数年以前の時代の青少年の適応障害というと、病像もほぼ一定で明確であった。ところが、その後以降は、いわゆる古典的病像にかわって、さまざまな症状や問題行動が現れてきた。その当時、私たちは、そうした青少年が示す病像の特徴に、次のような共通点があることを見出していた。すなわち、彼らは疾病論的には、神経症圏内、境界例、うつ病などさまざまな臨床診断が考えられるにしろ、共通して、情動緊張が著しく、しかも情緒不安定で、自己愛的で他者との現実的かかわりが困難で現実吟味能力がそこなわれることさえあり、しかも、しばしば攻撃的となるということであった。あるいはまた、社会的ひきこもりや無気力、ときには一時的にせよ抑うつ状態を呈すること、などが観察されたし、そうした彼らの「思春期の混乱」は、精神力動的には青年期の自己の確立をめぐってのものであると理解されたのであった。

そうした青少年の情緒障害、行動障害のひとつとして、些細なきっかけで自分の手首（ときには他の身体部分）をカミソリあるいはナイフで切りつける、いわゆる手首自傷症候群が現れてきたのである[2]。

この手首自傷は、かつては自殺を目的とした意図的行為か、あるいはヒステリー患者の演技的行為、もしくは現実逃避のヒステリー等価症として理解されてきたものであった。ところが、自殺企図としては理解しにくいふるまいで手首自傷を繰り返す一群の若者が現れてきた。とくに、それは１９６０年代になってアメリカで大流行し、それが西欧にひろがり、関心をよんだものである。それが、わが国においても約10年遅れの１９７０年代から、現れ始めた。当時の精神科の外来に、この種の患者が増え始め、私たちの注目するところとなった。もっとも、彼らは手首自傷だけを理由に受診するものは少なくて、不登校、抑うつ、ひきこもり、摂食障害、境界例などさまざまな主訴で現れるが、手首自傷を伴っているというかたちをとるものがほとんどであった。

そうした手首自傷患者に対する治療で私たちは多くの苦労とともに学ぶことも大きかったが、その間の事情は他の論文(1、5、6)を参照していただくことにして、ここでは、手首自傷患者の臨床的特徴、手首自傷の症状機制とその精神力動についてふれ、手首自傷の意味するものについて述べることとする。

2、手首自傷の臨床的特徴、症状機制とその精神力動

手首自傷は、とくに手首自傷症候群で典型的にみられるので、これまでに私たちの臨床経験から得られたその主な臨床的特徴を列記しておくと理解しやすいであろう。

（1）手首自傷患者の臨床的特徴

①手首自傷症候群を呈する患者は、10歳代、20歳代の若者に多く、それも特に未婚の女性に多くみられる。

②手首自傷をみると、自傷部位はほとんどが手首の内側の表皮で、1～3カ所の浅い切り傷または開放創である。稀に上肢、下肢、顔面、腹部を切るものもいる。自傷回数は1回だけに留まらず何回も切り、習慣化する傾向がみられる。頻回に起こすわりに自殺に及ぶものは少ない。また、仲間のなかで流行しやすい。

③手首自傷の誘因となる出来事は、ほとんどが対人葛藤である。たとえば、家族や友人などとの些細な対立、周囲の人々から受け入れられなかったという誤解、親しい重要な人物の不在、別離など、患者が孤独な状況に追いやられたと感じる状況や分離にまつわる事柄などである。また、こうした特徴は治療スタッフとの間でも繰り返され、治療スタッフの些細な言動に反応して自傷行為に至る。

④手首自傷は、家族や他者の眼前で行うものは少なく、自宅の部屋とか入院中の患者では病室で、それも1人になったときにほとんど行われている。

⑤手首自傷についての患者の主観的体験を尋ねても、たいていはっきりと答えられないし、「よく覚えていない」ものが多い。行為の動機についても言語表現ができにくい。つまり、手首自傷時には自他の弁別の能力が障害され、意識変容の状態に陥るばかりでなく、否認の機制も働いている。

⑥手首自傷患者に対してなされた臨床診断は、神経症、神経性無食欲症、薬物依存、うつ病、統合失調症、境界例など多岐にわたるが、共通しているのは人格障害で、今日では境界型人格障害とされる場合が多い。

⑦病像で共通しているのは感情基調が抑うつであることで、手首自傷の他に、社会的ひきこもり、登校拒否、混乱や興奮、無食欲、性的逸脱行動、薬物乱用、盗み等の複雑多彩な症状や問題行動を随伴している。

⑧患者は、自己愛的で未熟な性格的特徴を持ち、情緒不安定で、対象喪失に敏感で、容易に抑うつに陥りやすく、また自己評価の傷つきに容易に攻撃性をあらわにする傾向がある。すなわち、自我の脆弱性（不安耐性の欠如、衝動統制の弱さ、昇華の能力の乏しさ等）、情緒表現の乏しさ、対人関係での孤立傾向、破壊的な方向での影響を受けやすいこと、等の特徴がみられる。

⑨生活史では、過去に見捨てられた体験や拒否、剥奪、排斥がみられ、幼少期より母親との関係が

不安定であったことが多い。また、青年期における同一性形成や分離・個体化の課題が十分に達成されておらず、それらの障害がみられる。

⑩治療関係の確立が困難である。治療への動機があいまいで、治療者との共同作業ができにくく、しかも、衝動的破壊行為を起こしやすい。難治例ほど、厳しくて支配的で神経症的な母親と、無力で影の薄い父親という家族特徴がみられる。

⑪治療は、基本的には支持的精神療法を中心に、薬物療法なども併用し行うが、おおむね予後は良いものが多く、ほとんどの症例では自傷行為は止んでいる。つまり、うまく支持してあげると多くの症例は、いずれ良くなるといえる。

(2) 手首自傷の症状機制と精神力動

手首自傷は、対象喪失、分離の葛藤などから生じる失意体験、それがもたらす怒り、不安、緊張、抑うつ、などを解消する試みであり、自己の身体を傷つけることでそれを達成しようとするものである。このように一時的にしろ不安や葛藤を解決するという意味では、ひとつの完結的行為であり、自殺へとは必ずしも直結せず、逆にそれは真の自殺への歯止めの機能さえ持っている。ただ、歯止めがきかぬ条件下では自殺に至ることも留意せねばならない。

手首自傷の症状機制には以下のものがあげられる。

a.「ヒステリー」機制

これは、いわゆる「あてつけ」に自傷行為を行うもので、従来はヒステリー患者の演技的行為のひとつと考えられ、対象の注目や関心をひくことで対象を取り戻そうとする機制で、同時にそれは対象を思うように動かそうとする手段のひとつでもある。また、境界例によくみられる「自傷性」（すなわち、自殺の脅し、ジェスチャー、または自傷行為の反復）は、他者を自分の思うように動かし支配しようとする他者操作、あるいは対人操作の現れであると考えられる。それは、相手に罪悪感を起こさせることによって、周囲を支配したり支配しようという目的からなされるものである。

b.「手首の人格化」機制

これは、自分に失意を与えた対象を攻撃し、罰するために、自分の手首を対象と同等視して傷つける機制である。たとえば、失意を与えた母親に対する怒りを、直接に母親を攻撃するのではなくて、自分の手首を自分を拒否した母親にみたてて傷つけるものである。この場合、切られる手首は自分を拒否した母親であり、一方では拒否された自分でもある。傷つけられた手首のなかで母親と自己とを合体できるのであり、切創する自己は自己を拒否した母親のとり入れである。ここにも、母親と自己との合体がみられる。手首自傷をした直後の安らかさと満足とをみせるのも、このような自己損傷ののちに母親との合体に成功するからであろう。また、手首を自慰行為をする悪い自分とみたて、自分を罰するために手首を切る、と患者に意識されている例や、自分の悪い部分が血液に流れていると考え、手首を切ってその悪い血を流すことで自己懲罰する、と意識されている例も、本質的にはこの機制による。

c.「自我機能の回復」の機制

これは、自傷し痛みを感じることで、離人状態からの自己の現実感覚を取り戻す試みである。青年期の患者が不安にうちひしがれ、存在感をなくし、離人体験を起こし、非現実感と空虚感を起こしている状態から個人の現実感覚を取り戻す統合の試み(4)である。自傷によって身体自我境界を区別することで、自分を感じ、我にかえるという自我機能の修復が中心機制である。

手首自傷でなく、燃えた煙草を皮膚におしつけ故意に火傷し、それで我にかえるのもこの機制による。タバコ火傷は、非行少年グループの中では「根性焼き」とも称され、意識的には「自分は火傷の傷みに耐えられるだけの人間なのだ」ということを証明し誇示するために行われる場合もあるが、それは、P・ノボトニーのいう男根的葛藤を象徴する自傷行為のひとつとして理解されるべきであろう。また、青少年の一部での刺青の流行もそうであろう。

なかには、自傷によって傷みや死の恐怖を克服したという感覚、死をコントロールしているという感覚に満たされ、初めて自己評価が高まるという例もみられる。

d.「否認・逃避」の機制

これは、自己の内面的、心理的な葛藤を否認し、逃避するために、自傷することで真の葛藤に直面することから目をそらそうとする機制である。たとえば、過去に自分が見捨てられたという辛い体験から、似たような体験が起きたとき、手首を切ることで、その辛い考えを切り捨てるという例[4]がある。

手首自傷患者の精神力動の特徴としては、①母親との間は不安定で、拒否、剥奪の歴史が多いにもかかわらず、本人は空想的に母親との万能的一体感を持とうとしている、②現実的には、青年期の課題である分離・個体化、すなわち、自立が求められているにもかかわらず、本人はそれを否定している。その結果、実際には社会的ひきこもりとなって現れている、ことである。要するに、幼少時より母親との関係ができていないため容易に失望しやすい心性を持つ人が、青年期になって分離・個体化を迫られて不安にさらされ、母親に意識的無意識的に救いを求めるが、それが受け入れられずに発症したものと理解できるのである。

3、手首自傷（リストカット）の意味するもの
―「淋しさ」と「空しさ」を癒そうとする試み―

青年期の手首自傷患者をみていると、その多くは理由やきっかけはさまざまにしても、不安に打ちひしがれ存在感をなくし、離人体験を起こし、非現実感と空虚感を起こしている状態から個人の現実感をとりもどす統合の試みとしての手首自傷が起こると理解される。[2] それは「不快な」自我状態を修復しようとの試みである。牛島[3]は、手首自傷患者の人格の分裂現象に注目し、女性の手首自傷が思春期男性の家庭内暴力に匹敵するものとの興味深い見解を述べている。その共通点は、「人格の分裂現象と意識の変容をもたらす蒼古的自我状態の暴力的解決」であるという。すなわち、「手首自傷の前は、名状し難い内的緊張とそれに伴う緊迫した雰囲気がある。意識変容を思わせる、蒼古的な自我状態といえる。この状態は、周囲とのかかわり合いによって癒されることはない。癒されたとしても僅かで

ある。もっとも効果的な方法は、自らの手で自らの手に下した暴力的行為である」という。確かに、この種の患者に、なぜ手首を切るに至ったのかを問いただしても、「よく覚えていない」「よくわからない」というものが圧倒的に多い。手首を傷つけて、出血するのをみたり、痛みを感じて、ふと我にかえるのである。自傷直後は、無表情で放心状態のもの、離人症様状態のもの、深刻さに欠けた「反省と後悔」を示すもの、などがみられるが、共通しているのは、「すべきことをすました人の安らかさ」や満足感さえ示すことである。

このように、「心の痛み」よりは「身体の痛み」の方がまだましであるとの考えに支配された手首自傷は一時的にしろ「解決手段」となり、それが一種の「快感」や「達成感」すらもたらすものであるため反復されやすいわけである。それはある種の倒錯的な嗜癖行動とさえいえる性質をおびている。

手首自傷患者の多くは、思春期から、ひっそりと人目のつかぬところで秘密の行為として手首自傷を試み始める。最初は、そうした行為で、一時的に患者が感じる不快な自我状態は多少は癒されるものの、それでは根本的な解決にならぬことをやがて知るようになり、かえって患者は、しだいに派手に劇的に、ときには人前でさえ手首を切るようになる。この段階になると、周囲をまきこむ意図的な行為、すなわち「ヒステリー機制」も動員されるようになる。そして、無意識的には、「手首の人格化」

機制が基底にあり、「否認・逃避」機制も加わってくる、というかたちをとるようになる。このような手首自傷患者の病理には、牛島のいうように、「状況的に『淋しさ』の、主観的には『空しさ』の精神構造がある」といえよう。したがって、手首自傷は、その「淋しさ」と「空しさ」を癒そうとする試みともいえるのである。

ところで、前述の手首自傷がでてくる時代的背景については、私は別の論文[7]で、30数年前から現在に至るまでの歴史的な流れのなかで、現代の精神病理学的特徴の変遷を次の4点としてあげたことがある。すなわち、①不安から抑うつへ、②恥・罪の意識から憎しみ・被害の意識へ、③対象愛から自己愛へ、④攻撃性の増大、という変化である。要するに、現代人が、より未熟で退行した病態を示すことが多くなり、幼稚でひとりよがりで、しかも情緒不安定で、葛藤や欲求不満に対して容易に混乱し、被害的かつ攻撃的になりやすく、それが外に向かうと暴力や器物破損など、内に向かうと自傷、自殺、薬物依存など自己破壊的になりやすい人が増えていることである。それが若者たちではとくに顕著なのである。

私たちが20年以上前に指摘した前述のことは、本質的に現在でも変わっていないようである。ひとことでいえば、現代社会では人間はより未熟で退行した病態を呈しやすくなっていて、いわゆる「境界例（ボーダーライン）的」なのである。その本質は、人間が我慢強くなくなり、幼稚になり、ひとりよがり（自己愛的）で、しかも情緒不安定で、葛藤や欲求不満を適切に処理できず、その解決策として攻撃的な手段をとりやすいという自我脆弱性の病理が露呈しやすいことに要約されよう。私のあげた現代の精神病理学的特徴の4つは、すべて自己破壊性へと結びつく条件となっているのである。

激しい変化にさらされている現代社会では、家族関係のありようも大きな変化を受け、そのなかでどのように生きていったらいいのか誰もが見定めることが難しい。それだけに心のありようが不安定な人々が多くなっている。その象徴的で代表的な現れのひとつが手首自傷なのである。

4、おわりに

皮膚は、脳と同じく外胚葉由来の臓器であり、また、「外観の臓器」ともいわれ、個体を守る機能を備えている。同時に、「他人との交流を行う第1の道具」ともいわれ、心と体の境界にあって、その相互の交流を仲介するものである。こうした皮膚のもつ両面の意味を考えるとき、皮膚を損傷する手首自傷は、一方では、「心の傷つき」を象徴的に表現する行為であると同時に、「心の傷つき」を癒し、自分が本当は無傷のままの存在である、あるいはありたいとの感情を再建、あるいは達成するための試み、と理解するべきであろう。とはいえ、手首自傷では真の問題解決にはならないので、適切な治療とは患者に自分の置かれた状況を正しく認識するように援助し、自らの「心の悩み」を行動（手首自傷）で表現し「解決」しようとするのではなく、言葉（言語）で表現し、人と人との関係の中で癒されることを学ぶことを援助することなのである。(6)

摂食障害における「満たされなさ」

――星の王子さまとキツネにならって――

佐藤眞理

1、はじめに

私はこども病院の精神科医として摂食障害の患児を２００人以上診てきた。これまでの報告にあるように青年期発症より前思春期や思春期発症の場合は予後が良い。しかし、１、２割の患児は入院治療中には良好な関係性ができかけても継続せず、再発や治療中断となり治療者は不全感を募らせやすい。再発や治療中断がなぜ起きるのか、何を鍵として治療を変えていけるかに悩むことが多い。

病院の待合室に、透き通るように白い顔、大きく見える目、骨格を皮膚が薄く覆っている、痛々しく痩せた姿だが、大人びて見え周囲を無視するように座っている少女がいる。そして憮然とした父親、オロオロしている母親を従えている。それは食欲を抑え、体重を減少させ、さらに早朝からマラソンや腹筋運動など過活動を日課として繰り返し、身体を『自己』のコントロール下に置き続けた成果としての姿である。結果として、低体重、低血圧、徐脈、低体温そして女子の場合は無月経と自らを冷凍しつつある姿である。生物が常に変化することを無視し、ある時の自分の姿を、或いはある理想形を（体重などの数字を）『保持—維持』することのみを目指して努力する姿なのである。その出会いが摂食障害の治療という、長い旅の始まりである。

年齢・性別・身長から標準体重を見てマイナス15％以上の痩せ、痩せ希求・肥満恐怖、ボディー・イメージの障害、女子では無月経の診断基準を満たし、他に原因となる身体疾患（脳腫瘍、ホルモンの異常など）やうつ病や統合失調症などが無いとき、「摂食障害　神経性無食欲症制限型」と診断する。過食・嘔吐を伴うものや大食症も少数ながら見られ、それは共に年々増加している。

こども病院の精神科なので初診時の年齢を中学3年までとしている。患児らは低年齢で基礎体力ができていないせいか、初診の際に、低血糖、低血圧、極端な徐脈、脱水状態、高ケトン血症などで即、点滴による補正や入院治療が必要になることが多い。低栄養状態は全身に及んでおり、X線CT上、脳萎縮像が認められる。そのためもあって、こだわり易い性格傾向がさらに強化されたり、何度も同じ質問をしたり、泣く・拒絶するなどパニックに陥り易い。

摂食障害患児は言語表現や理解が苦手である。反面、視覚情報の理解や表現力が優れていることが多い。そのためか、他の病院のいくつかでは治療を頑強に拒否した場合も、脳萎縮像が認められる自分のX線CTや極端な徐脈を示す心電図を共に見ながら、ゆっくりと説明していくと、いやいやそうにだが、入院治療に同意してくれる。

場合によっては、治療者は患児の手を取って、その冷え切っていることに慨嘆し、この病気になって体温低下が長く続くと、毛深くなることが多いことも指摘すると、患児は思い当たる表情を見せる。

2、摂食障害の治療

入院治療は、行動制限療法を基本とする。ただし改善して制限を解除する基準は明示せず、患児には状態全般で判断すると告げる。

第1期は治療導入期で、ベッド上の安静を保たせながら、経腸栄養を行い、一旦絶食とする。比較的スムーズに治療枠に入るのは、年少なので両親に依存し影響を受けやすいことと、担当の看護師を中心として心身共に『抱え込む』ようにしているからと考える。患児の年齢と両親の病気への理解を考慮し担当の看護師が決まると、その担当の看護師を中心に身体的ケアを行いながら治療の必要性を根気よく伝え、医師とは違う立場から治療を受け入れられない気持ちには共感を示すことで依存できる関係性を作るようにしている。身体症状が回復してくると、食事もゼリーなどから少しずつ開始する。脳の機能も回復し始めた頃、心理検査を施行する。両親にも心理検査を受けてもらう。院内学級の授業は週2回から病室で開始する。同時期に医師による個人療法も開始する。

第2期は行動拡大期である。病室は個室から4人部屋に移る。患児2～4人と心理士、看護師によるグループ療法を週1回開始する。院内学級も教室への参加となり、患児同士の交流する時間が増加する。本当に少しずつ互いの距離を縮めながら親しくなっていって仲良し2人組（や3人組）ができる。ここ数年は常に12～13人の摂食障害患児が入院しているためか以前と比べ仲間関係ができやすい。

第3期は退院準備期。食事として食べる量が増えた頃から、両親と患児のみの外出、そして自宅への外泊を数回ずつ行い、大体安定していれば前籍校への試験登校を3週間行い退院としている。

それらの治療の意味を振り返ってみると、治療導入期に医師が行動の制限を指示し看護師はそれを患児が守れるように協力しながら、全面的に身体的ケアをすることでボディー・イメージの歪みの修正を手助けし、退行を促進する。しばらくするとまず、今、嫌なことを訴えてくるので、可能なことは患児の希望に沿うようにし、今、許可できないことについては治療などについてでも拒否したい気持ちに共感を示す。それを積み重ねると、患児は担当の看護師に依存し受容され『ほどよい母親』に抱えてもらうという、1対1関係のやり直しをし、新たな関係を築く体験となる。そうするとこれまで学校や家庭で我慢してきた嫌なことやイジメ、きょうだい葛藤などを吐き出すように語っていく。毎日面会にくる母親にも言えるようになる。母親は始めは真摯に聞いているが、繰り返し言われると次第に我慢できなくなり、患児に直接「じゃあ、どうすればよかったの？」とすぐ解決を求めようとする。時には母親は、自分だけが患児に責められているという気持ちが増大し耐えられなくなり面会途中で「(患児に) 帰れ！　と言われたから」と突然帰ってしまうこともある。その場合患児が言えずに我慢してきた長い間のつらい気持ちに十分にこたえるように「そうだったんだね、つらかったんだね、(気づかなかったのでさらにつらい思いをさせたね、) ゴメンネ」と何回でも聞いてあげることが大切であると治療者は母親に助言する一方、何回も聞かされる母親のつらい気持ちをサポートしたり、母親の相談に乗るようにしている。そして行動拡大していって再自立するときに、担当看護師は、最初は泣くだけ・怒るだけで言葉で気持ちを伝えなかった患児が少しずつ言葉にしていく手助けを繰り返し行い、二者、三者の関係を再体験させる。対人関係をやり直していく基盤は担当看護師との関係性であり、看護師が患児にとって母親的、姉的、それから友達に近い関係性に変化していくと退院が可能となり、外来通院となる。患児の二人三脚のパートナーが看護師から母親にうまくバトン・タッチされるか、患児の成長が著しいと段々に治療を終結できるようになる。退院までを平均してみると161日である。

しかし退院できる状態になっても、大抵はどの患児からも「自分は愛されている、大切な存在なのだ」という自信が感じられない。これまでもそういう体験を積み重ねてきたとは思えないことが多い。とくに予後の悪い患児では自己評価の低さが顕著である。

3、症例を振り返って

A子さんとのことを振り返ってみよう。中学3年の晩秋、痩せ細って外来に連れてこられた。聞くと「友達がみなスマートで、羨ましくてダイエットをした。少し体重は減ったがまだ足が太いのが気になる」と淡々と答えた。全身状態が悪く入院を勧めたが、「受験したいから」と拒否した。両親は心配しつつも、入院を決められなかった。そのため、外来通院で治療を続け、幸い希望校に合格した。高校進学後も、極端に痩せたままで母親との通院が続いた。高校生になっても自分の部屋がなく母親と起居を共にしていること、友達ができないことや弁当を自分でつくっているなどと話した。傍らで聞いていた母親は涙目になり「自分は何もできない」と謝るばかりだった。母親のうつ病の再発とわかり受診を勧めた。そのため話し合って患児のみの通院とした。それからは毎回、患児は面接室に入り椅子に座ると、ポロポロと涙を流し続けた。ハンカチーフを取り出すこともしないのでティッシュ・ペーパーを渡ししばらくは黙っていた。つらいことがあるかと問うと、「弁当を一緒に食べる友達のグループはあるけど、……他の友達とはよくしゃべりよく笑うのに、私と2人になると、その人はしゃべらなくなる、私と話しても、面白くないから、そしてコミックも貸してくれるのが、いつも一番最後になる……」と咄々と疎外感を述べた。そして「学校からの帰り、つらくなって、毎日のようにお菓子をたくさん買って食べてしまう、食べたくないのに」と訴えた。毎回後半では治療者は患児に小学校からの仲のよい友達のことや、高校の友達とのやり取りの中で親密さを示すことや、性格のよい点、どんな小さな変化でも例えば髪型やその日の服装でほめる点を指摘していった。表情がほぐれたところで次の予約を決めた。隔週で約1年半経過し「段々グループの中でも特に気の合う友達ができて、いろいろ話せるようになった」と嬉しそうに話した。過食の傾向もやや落ち着き、標準的な体型となった。面接の間隔を次第にあけ、『惜しみつつ、心配を残しながら』治療の終了とした。

B子さんは中学2年で初診した。消耗した様子だが、標準体重であった。元来体格がよく、男子に「デブ！」とからかわれたのを契機に、ダイエットを開始し十数キロ急激に体重減少したと母親は言ったが、自分では何も語らなかった。入院は短期間で終了し、外来通院となったが、さらに体重減少した。治療に不信感を持ったのか突然通院が中断した。実は家族の意向で転医しており、さらに悪化し、半年して再び紹介されて受診したときは、非常に衰弱していた。今回は担当看護師が受容的でゆっくり話を聞くタイプの人となった。平行しての両親面接では、母親自身の生育歴を詳しく聞き直した。母親は幼児期に実母と別れており、実父のみに育てられたこと、母親自身が育つ間よく手助けしてくれる親戚も近くにおり、母親は子供としてひとつも困ったことはなかったし、母親はこれまで1度も実母に会いたいと思ったことはないと淡々と語った。退院後、外来治療となると患児は必ず病棟の担当看護師に会いに行き、会えない時のため、手紙を書いてきていた。その後、高校を中退し、アルバイトを探したがなかなか見つからなかった。そしてやっと自分に合う職場ができ、落ち着いたと報告した。ところが、「母親の勧めで、妹も私の職場でアルバイトを始めた。要領が悪く無神経なところのある妹なので私が仕事仲間や上司にとても気を遣う」と担当看護師に訴えた。それを母親に伝えると「そんなに気にすることですかね、本人がそんなにいやなら妹に職場を変えさせるようにします。でも妹も気に入っているのですぐには無理です」とどこか不満気な答えだった。しばらくして妹が同じ職場で働くのをやめたと聞いたころから、患児は面接でも少しずつ家族１人ひとりへの不満を述べ始めた。ちょうどそのころ、母親自身の入院治療があり、患児１人での通院となった。再び患児の通院に母親が付き添えるようになったが、面接の終りに、患児は必ず「お母さんを呼びますか？」と聞く。治療者が「どうも私はお母さんと話がうまくできないので今日はいいわ」と答えると、嬉しそうに帰っていく、それが毎回繰り返される『冗談』なのである。患児は新たな仕事につき、職場でも認められているが、最近も、「母親が、あんたの仕事は楽でお金もらえていいね、と言った。新しい機械や操作覚えるのは大変で、怒られたり、馬鹿にされたりしてやっとうまくなったのに」と嘆いて帰った。

4、おわりに

そのように退院してしばらくたっても母親とうまくいかない患児の何人かとの出会いと別れをどう理解しようかと悩んでいた時、偶然、箱根の「星の王子さまミュージアム」に行った。そこで「……かんじんなことは目に見えないんだよ……」という『星の王子さま』の一節に出会い、私の心には……大事な言葉は耳に聞こえない……と続いて響いた。物語は砂漠に不時着した飛行士が出会った星の王子さまとの7日間のことで、星の王子さまの語る話を飛行士が聞くという入れ子構造になっている。星の王子さまがキツネと友達になり、星の王子さまにキツネが「つきあい」というものの本質について語る場面がある。星の王子さまが遠い星にのこしてきた1つのバラと地球のたくさんのバラとの違いがわからず悩むと、なぜ遠い星のバラを愛するのかをキツネが教えてくれる。「あんたのバラの花をとてもたいせつに思っているのはね、そのバラの花のために、ひまつぶししたからだよ……めんどうみたあいてには、いつまでも責任があるんだ。……」と。摂食障害の治療がうまくいくかどうかは、このキツネの指摘に関連すると考えた。実は摂食障害の患児の親子関係の多くで『ひまつぶし』が足りなかったと考えるからである。大抵は真面目に努力するタイプの親で、子供にも同じ事を期待する。そしてそのように行動して『当然』なので子供を褒めることも少ない。『ひまつぶし』する余裕がないので、親は期待する内容すら言葉で伝えようとせず、自明のこととなり、子供を目に見えない網で規制する。そして患児は褒められて自己評価が高まり自尊心が育つということが乏しいまま育つことが多い。自分が世界の中心であることを十二分に味わわないまま気持を「満たされないまま」、前に進ませられる。そして病気になったことや病気であることも親が認めないことも少なくない。治療過程で、『ひまつぶし』がやれるようになる親の場合は治療がうまく進むし、『ひまつぶし』を身に付けられない親の場合は治療が難渋する。後者の場合でも前思春期、思春期発症の場合、治療により二者、三者関係をやり直し、それを基盤に『ひまつぶし』する対象を見いだすと心身共に成長が期待できると考えている。

衝動統制障害としての薬物非行と性非行

——愛着と対象関係のつまずきから——

藤岡淳子

はじめに

「やさしくて無責任な」薬物乱用者と、「弱い者（女性や子ども）には滅法強いが、強い者（年長男性や権威者）にはからきし弱い」性犯罪者とを並べて考えたことは筆者にもなかった。たまたま少年刑務所において、両者のグループワークを並行して行う機会があり、なんだか似たような人たちを相手にしているという印象を持ったのが始まりである。両方ともある意味では「まじめ（かたくて強迫的）」で「やさしい（気が弱くて人に圧されてしまう）」。薬物依存や性犯罪さえなければ、攻撃性や一般的犯罪性の高い他の受刑者に比べると、ずっと我々一般市民に近い感じがする。グループ内での信頼関係ができてくるにつれ、激しい被虐待体験や家族内における支配―被支配を中心とする対人関係を語り始める者が多いことも共通であった。

その頃、薬物依存者を対象として開発された再発防止モデルを性犯罪者に適応しようとするR・ロウズの"Relapse prevention with sex offenders"（性犯罪者の再発防止）を読み、性犯罪を薬物依存と類似の機制を持つ衝動統制障害と考える人々が既にいたことを発見し、意を強くした。ただし、再発防止モデルでは、「種々のし癖性障害と性犯罪パターンの間には類似性があるが、再発防止モデルは、性的なし癖という概念を前提あるいは必要とはしていない。行動変化の維持を扱うことにその眼目がある」としている。他方、P・カーンズは、性犯罪がし癖であることを強調し、アルコホリック・アノニマス（注）（AA）タイプの自助グループをその治療戦略として推奨しているが、性犯罪を、し癖と見なすことには、その加害性の高さと変化への動機づけの乏しさから疑問視する声も大きい。

その後、個別面接の中で、小児わいせつ者が自らを薬物依存者と引き比べながら話すのを聞いているうちに、筆者も両者の異同を考え、まとめてみたいと思うようになった。性犯罪パターンにおいて重要な役割を果たすとされる性逸脱ファンタジーによる現実逃避あるいは気分のコントロールは、薬物による酩酊の効果と非常に近いのではないか、両者はそれを必要としているという点において近い関係にあるのではないかと感じたからである。

筆者は、衝動統制障害の機制が、対象関係のつまずきと愛着の不安定さ、そこから派生する自他の境界の不確かさから生じると仮定している。まず、非行態様ごとに、人格レベルと対象関係における分離個体化のレベルおよび愛着のあり方と、その背景にある被虐待体験との関係を概観し、次いで薬物および性非行少年の対象関係のあり方における特徴を述べた上で、彼らの特徴である自他境界のあいまいさと「満たされなさ」が、どのように衝動統制障害につながるのかを考え、最後に、援助の方法についても簡単に触れたい。

（注）　アルコール依存症からの回復をめざす人たちの自助グループ。メンバーの匿名性が重視される。

1、非行少年の対象関係における分離個体化のレベルと被虐待体験との関係

多くの非行少年の話を聞いてきたが、被虐待体験の生々しい話を聞くのは、なぜか薬物乱用少年と性非行少年からであることが多い。

幼い頃から単独での窃盗や虞犯行為を続けている少年は、更に劣悪な生育環境に育っていることがほとんどである。しかし、彼らが被虐待体験を語ることはほとんどない。彼らが述べるのは、「やさしくて、良い」両親である。実際には、彼らの親は全くあてにならず、子どもはほとんど見捨てられた状態で、日頃はネグレクトされ、気が向けば殴られる。彼らは自身の置かれた状況を認識し、言葉にして他に語るだけの準備さえできていないように思われる。いわばグ～の音もでない状態か、あるいは自らの置かれた窮状を他に訴えるほどには、他に何かを期待してなどはいない。彼らを支配しているのは諦めであり、無力感であって、対処方法としては「やりすごす（回避）」が頻繁に使われる。

あるいは、いわゆる「いきなり」激しい暴力を単独で暴発させる少年も、自らの被虐待や被害体験

については あまり語らない。語ったとしても感情が伝わってこない語り方をすることが多い。彼らは、自らを被害者と位置づけることに我慢ならないかのようだ。彼らにとっては、他者は、悪意に満ちた存在であり、しかも圧倒的に強い。自らは無力で、容易に侵襲され、呑み込まれる存在として感じられている。相手を消すか、自分が消されるかの選択を迫られているのであるから、自らの脆弱性を認めるわけにはいかないのであろう。彼らの犯罪行為は、劇的で、好んで人々の神経を逆撫でするような、これみよがしな開き直りが見られることが多い。

この両者の体験した、語られることのない被虐待体験は、恐らくは乳児期といった、非行少年のうちでは最も早期に始まり、かつ身体的あるいは情緒的になんとか死なずに生き延びたというくらいに、激しく侵襲的なものであろう。彼らにとっては、対象を希求する気持ちは、意識化されずに、心の奥深くに抑え込まれている。これを意識化させることは激しい不安を引き起こす。彼らは特定の対象への愛着をあえて持たないのである。

他方、暴走族等の集団を組んで、傷害や暴力行為といった粗暴な加害行為を行える少年は、まさに「行える」というに相応しく、比較的安定した生育環境を持っていることが多いようだ。これも比較の問題で、両親は不和であったが一応揃っていた、別居や離婚はしたが一応子どもへの関心はあったという程度であるのだが、それでもごく幼い頃には、自分の拠り所とする家庭を持っていたという感じを受ける。彼らの家庭の不安定さは、早くても児童期以降に顕在化し、両親は、不充分な点はあっても、それなりにあてになる。例えば、父親の体罰等の虐待があっても、暴力の前には、子どもの不行状がある等、ある程度の相互関係や因果関係の流れが納得でき、かつ限度を失わない程度の暴力である。彼らは親に対する不満とありがたさの両方を言葉にできる。「自分は自分、人は人」と別の人間であるという自律した個としての感覚を持っているのである。その基盤があってこそ、不良集団を作り、そこでの価値観や生活観を取り入れて、自分を十分に受け入れないように見える家族や社会に対して、集団で「ノー」を言えるのであろう。彼らは仲間集団の支えをまだ必要とはするものの、様々な人と様々な場面で、柔軟に、協力的な相互関係を作り、維持していくだけの訓練や経験が不足しているだけである。手助けしてくれる人とつながることができるし、その援助を得て、自らの窮状を打開し、一般社会の中に居場所を作っていくことができるのである。

丁度、その間にあるのが薬物乱用少年と性非行少年であるように思われる。彼らは、信頼関係ができるにつれ、あるいは依存が許容されると感じるにつれ、個別面接やグループワーク場面において、熱心に自らの窮状を語り始める。当初は感情を押し隠していたとしても、語りは次第に熱を帯びてくる。彼らには自分の置かれた窮状や辛い気持ちが、聞いている方にも伝わるような語り方をすることができる。そして、聞いているメンバーも自らの体験に重ね合わせて、身を入れて聞くことができる。かくして、グループの凝集性は高まり、相互依存による支え合いが成立するのである。

これはひとつには、薬物と性非行少年が、他の非行少年と比べて、特に、他を必要とし、外的な支えを求めているからであると考えている。彼らほど「愛されたい」、「認められたい」非行少年はいない。彼らの自律性は損なわれており、もたれ合い、支えてくれる誰かを必要としている。このことは、薬物依存が対象依存であるといわれていることとも軌を1にする。それは同時に、自分を確認したい、過去の体験を振り返り、今の自分を確かめたいという心の動きとも呼応しているのであろう。

少女の非行が、薬物と受身的な性非行を主とする理由もあるいはこのあたりにあるのかもしれない。理由は不明であるが、女子非行少年は、悪意ある、圧倒的で支配的な他者に対し、やるかやられるかというような対象関係を持つことが少ないように思われる。実際には少女の被虐待体験や被害体験の酷さは男子以上であることも多いのであるが、それでも女子は依存し、しがみつく対象をまずは希求するように思える。この希求の可能性が絶たれたと絶望したときに、女性の殺人は生じるようだ。

ともあれ、薬物と性非行少年との対象関係は、対象に対する期待と失望の間を大きく揺れ動く。彼らの愛着は、不安定さにその特徴がある。それは丁度、自分自身のイメージが極端に膨らんだり、縮こまったりするのと呼応する。問題を複雑にさせるのは、彼らの自己表象および対象表象が、あまり現実に基づいていないことである。

彼らの被虐待体験は、幼児期から児童期にかけて本格化することが多い。彼らの養育者は、ほとんどあてにはならないのであるが、時として「やさしい」一面を見せる。まるで、間歇強化のように養育あるいは承認という強化を与えられる。たいていは失望するが、諦めかけたときに強化が与えられ、ついまた期待してしまうのである。その結果いつまでも中途半端にしがみつく。養育者は、自身の都合や欲求で子どもを扱っており、その意味では子どもをモノ扱いし、そのありのままの感情や欲求を認めないことで、自律性や自分が自分であるという感覚の伸張を損なっているのではあるが、それはおそらく、養育者も依存し、支配する対象を必要としているからであろう。

薬物と性非行少年とは、この対象関係における自他の分離独立、個体化の程度が同様の発達段階にあることが、似た印象を与えられた背景にあると筆者は考えている。そして、それは衝動統制障害であるし癖行動をもたらすものとして、重要な意味を持っていると推察している。

ただし、性暴力犯罪者は、薬物依存者や、女子の性非行者に比べて、自律性と相互性の喪失度がやや高く、単なる他への依存、すなわち自分とは別個の対象へのしがみつきではなく、自身へのしがみつきである自己愛の領域に入っていることが多いように思われる。それは、性暴力者にとっては、自己は非常にもろく、あやふやで、他者、特に他の男性は、圧倒的に強く大きいものと感知されているからであろう。ただし、人格型の非行少年に見られるような悪意に満ちた対象表象に比べると、不安定で両価的ではあるが、相手への期待や理想化を維持していることが特徴であるように思われる。

非行の態様と、対象関係のレベル、そして被虐待あるいは不適切な養育の関係をまとめたのが、表1である。一応類型化しているが、その変化は連続的なものと仮定している。

2、薬物と性非行少年における自他境界のあいまいさと「満たされなさ」

それでは、愛着が不安定で、自律性と相互性が損なわれていること、すなわち柔軟でしっかりした自他の境界が確立されていないことが、どのように薬物依存や性非行といったし癖行動障害につながっているのであろうか?

薬物依存者や性非行少年の特徴である、「まじめさ（かたくて強迫的）」と「やさしさ（気が弱くて

表１　非行態様別対象関係のレベルと被虐待体験の関係

非行のタイプ （非行の例）	人格型 （早発・単独・多種多方向非行）	神経症型 （性非行，薬物非行）	集団型 （集団による非行）
人格レベル	精神病質，人格障害 ──→	神経症 ──→	健常
対象関係における 分離固体化のレベル	悪意に満ちた侵襲的対象表象 呑み込まれ不安	自律性・相互性に瑕疵 自己愛，依存	分離個体化した二者 序列をつけようとする
愛着	意識化されない，断つ	不安定，求めて得られない	比較的安定
被虐待・不適切な 養育環境 （被虐待・被害 体験の言語化）	より早期（乳児期）に始まる より侵襲性高い 全くあてにならない養育者 （語られない）	幼児期，児童期に始まる 中程度の侵襲性 時に期待させるが結局失望 させる養育者 （熱心に，主観的に語る）	児童期以降に始まる より侵襲性低い ある程度あてになる養育者 （より客観的，多面的に語る）

人に圧されてしまう）」は、そのまま自他の境界の未完成を示しているように思われる。自他の境界が、時には硬直し、外界と柔軟に関わり損ねて堅くはじくか、あるいは別の時には、他からの要求がたとえ理不尽であっても、へなへなと押されて通してしまう。彼らにとっては、「柔軟」、「相互的」、「調整」という言葉ほど難しいものはないようだ。

彼らは、「人」との関係を熱望しているが、満たされることはない。それは、彼らの「期待」に現実離れした「強欲さ」とでも呼べるものがあるからかもしれない。自他の境界がはっきりしない彼らは、底の抜けた袋のようだ。承認や愛情や養育をいくら入れても、底からどんどん抜けていくので、満ちることは決してない。「限り」がないと決して「満足」もないものなのであろう。自他の境界がはっきりしないということは、「限り」を知らないことでもある。相手と自分、現実と願望、過去と現在、これらが入り混じり、混同され、あるいは時として反転する傾向が見られる。それが、現実との接触を失うほどではないが、現実検討力の弱い、歪んだ思考をもたらすものでもある。

「限り」を知らないということはまた、裏を返せば、「広がり」がないということでもある。心の「広がり」、すなわち衝動や欲求や感情をくるみ込み、一旦自分の内に保持し、思考し、判断して行動するという緩衝帯が不足しがちとなる。刺激が入ると、トタン屋根が雨をはじき返すように、即時に、衝動的に行動化するのである。内外界からの刺激は、まるで持っているといつ爆発するか知れない爆弾のように扱われる。来たらすぐ、どこでもいいから放り出そうとするのである。刺激は手にあまるものであり、自分は、適切に対処できないと思っているようだ。実際、今までうまく対処できたためしがない。それで、平素は外界の刺激を遮断しようと強張っているが、すぐにそれは脆くも破れて、今度は歯止めの利かない、欲求の即時的満足へと走ることになる。

「限り」を知らない彼らの欲求は果てしないものとなりがちである。これは生身の、限りある人間には対応しきれるものではない。したがって、自分がコントロールできるという幻想を抱かせてくれる「物質（薬物）」に頼るか、独自の感情や欲求を持たない「モノ」化させた人を使って、満たされない欲求充足を、飽くことなく求めることになるのであろう。

性暴力犯罪者が人を「モノ」化するというのは、被害者の感情や思考は性暴力加害者の念頭には全くないという意味である。彼らは自身の欲求と思考とを被害者に押し付ける。それは日頃周囲に圧倒され、無力感や被害感を抱いている彼らにとっては、虫ケラから王様に反転し、被害者に対して完全な支配権を握る瞬間である。彼らは都合のよいことに自他の自然な感情に極めて鈍感である。彼らが自分の都合に合わせて、他の気持ちや考えを読み違えることは、驚くほどである。

し癖の対象が「薬物」となるか、「性」となるかは、最初に触れる「刺激」の差にすぎないという感もある。薬物依存者は、家族や交友関係の中で身近に薬物があり、薬物乱用に許容的な価値観を持っていることが多いし、性非行少年は、性的に成熟する以前から性的刺激を受ける機会があることが多いような印象を受けている。

ただし、小児を対象とする性犯罪者においては、父が不在あるいは父との関係は冷たく、拒否的であることが多いことを特筆しておく必要があるかもしれない。男性としての自信のなさが、小児を対象とする性加害行為に密接に関係していると思われる。

3、援助の方法について

薬物依存者の治療には、自助グループが大きな役割を果たしている。北米では、性犯罪者治療の第1選択肢は、グループ療法である。このことは偶然ではない。早発単独型の非行少年はグループになりにくい。握っても握ってもパラパラとこぼれ落ちる、乾いた砂のように、グループの凝集性は高まらない。下手をするとグループ内で話し合われたことをグループ外で話し、信頼関係を損なうような動きさえ出てきかねない。1対1の信頼関係を築くのでさえ困難であり、まず個別療法が必要であるように思われる。他方、自力で集団を組める少年たちは、わざわざ小集団を作らなくとも、生活集団を指導することで、一定の効果を期待できる。

対象関係を希求しているが、なかなか持てない、集まってもどのように自分を開き、相手の気持ちや考えを聞き、つながっていけばよいのかがなかなかわからない薬物と性非行少年たちにとってこそ、グループ療法が最大の効果を発揮するようだ。グループの中で、似たような体験をした人の話を聞いて、「1人ではなかった」と支えられ、自らの体験を話し、聞いてもらうことによって、それをある程度客観化することも可能になる。グループという守られた場の中で、自他の境界をはっきりさせていく作業が可能になるのである。日本では北米に比して、あまりグループカウンセリングは活用されていないように思われるが、自分と他との関係こそが問題となる非行少年にとっては、極めて有効な手法のひとつであり、特に、依存的あるいは自己愛的対象関係を持つ薬物あるいは性非行少年にとっては、得るものが大きい方法であると思われる。

女子少年院在院者の性被害経験

吉田里日

1、はじめに

筆者は、現在の職場に勤務するまでのほとんどを、少年鑑別所で非行少年の資質鑑別を行う法務技官として過ごしてきた。多くの非行少年と出会う中で、女子は全体的に、男子より大きな家庭の問題を抱えており、被害者的な側面が強い、と漠然と感じていたが、被害と非行との関連に関心を持ち始め、面接の中で性被害の有無について聞くようになってからは、女子の性被害体験の多さも実感するようになった。女子少年院では、処遇の過程で性被害経験が開示されることもまれではないと聞く。

しかし、データという形では被害の実態は把握されておらず、非行少年の被害については海外の研究が若干参考になるのみであったところ、現職場で幸運にも少年院在院者の被害経験調査の研究に加わることとなった。家族からの被害の全体像については、虐待という視点から詳細に分析を行った結果を報告しているので(3)そちらに譲り、本稿では、この調査における女子の結果について、性被害を中心に紹介・分析することとする。なお、本稿中の意見にわたる部分については、私見である事をあらかじめお断りしておく。

2、少年院在院者に対する「被害の経験に関する調査」

(1) 調査方法

法務総合研究所は、平成12年7月、全国の少年院の、入院後間もない者と退院間近の者を除く全少年を対象に、少年自身の被害経験に関する調査を行った。対象者総数は2530名、調査できなかった者や記入の不備等を除き、最終的な分析対象となったのは、2354名であった。うち、女子は229名であり、調査当日の女子在院者446名の51・3%に当たる。

調査は、全部で11種類の被害について、被害の有無、時期、回数、加害者、被害を話した経験の有無とその理由、被害後に取った行動、被害が調査時点で終わっているかどうか、被害が非行と関連していると思うかどうか、などを対象者が自分で記入する調査票と、少年院の職員が公的資料を基に生育歴等の情報を記入した調査票の2種類実施した。

調査した11の被害は、家族以外からの被害5つと家族からの被害6つであり、次の4つの被害は、家族以外からのものも、家族からのものも両方聞いている。それは、①「軽度の暴力」（たたかれる、つねられる、物を投げつけられるなどの暴力）、②「ひどい暴力」（殴られる、蹴られる、刃物で刺される、首を絞められる、やけどを負わされるなど、血が出たり、あざができたり、息ができなくなるような暴力）、③「性的接触」（自分の意志に反して、性的な接触を無理強いされた）、④「強姦」（自分の意志に反して、性交された〈されそうになった〉）である。

そのほか、家族以外からの被害においては、「恐喝」（暴力などで脅されて、お金や物を取られた〈取られそうになった〉）を聞いており、家族からの被害においては、「ネグレクト」（1日以上、食事をさせてもらえなかった）及び「家族間暴力目撃」（自分はされなかったが、家族の間で、「軽度の暴力」や「ひどい暴力」があった）を聞いている。ただし、本稿では、直接行為を受けていない「家族間暴力目撃」は分析から除く。

(2) 女子の被害経験率

女子229名のうち、被害の経験が「ある」と答えた者の比率は、「恐喝」で21・8%、家族以外からの「軽度の暴力」が58・5%、同「ひどい暴力」が71・2%、同「性的接触」が69・0%、「強姦」が68・6%、家族からの「軽度の暴力」が74・7%、同「ひどい暴力」が59・8%、同「性的接触」が15・3%、同「強姦」が4・8%、「ネグレクト」が10・5%である。1つも被害を経験していない者は、わずか3・7%であった。

女子が男子と比べて統計的に有意に被害率が高かったのは、性被害4種類すべてと家族からの身体的暴力被害2種類であった。身体的暴力の被害率も高いが、家族以外から受けた性被害率の高さ、とりわけ「強姦」の被害率の高さは目を引く。家族以外からの「性的接触」、「強姦」の少なくとも一方の被害を受けた者を数えてみると78・6%であり、約5人に4人は家族以外の者から身体接触を伴う性被害を受けたことがあるという結果となった。家族からの被害について同様に見てみると、15・3%であり、6～7人に1人という計算である。

これを、性暴力の被害率に関する先行研究の結果と比較してみる。当所で平成12年に行った国際犯罪被害実態調査によると、回答した16歳以上の女性1138人中、過去5年間に接触を伴う性被害を受けたことのある者は31人（2・7％）、そのうち未遂である「強姦」の被害を受けた者が1人（全体の0・09％）であった。[2] 安藤らの研究における被害率は、「身体接触」が69・8％、「強姦」が8・3％、「強姦未遂」は14・2％である。[1] 「『子どもと家族の心と健康』調査委員会」における調査の被害率は、「身体接触」が52・8％、未遂を含めた「強姦」が10・1％であった。[6] これら先行研究の結果と比べると、少年院調査の結果は、「強姦」の被害率が一般女性の調査に比べて格段に高いことが特徴である。

図1は、少年院調査の女子回答者の性被害経験について、「家族から」「家族以外から」という加害者の種類と、「性的接触」「強姦」という被害の種類とで、受けた被害の組合せを作り、その構成比を示したものである。回答者のうち最も多いパターンは、家族からは性被害を受けていないものの、家族以外から「性的接触」、「強姦」両方の被害を受けている者であり、約半数が該当する。家族からも家族以外からも「性的接触」、「強姦」の両方受けている者は9人（3・9％）であった。

（3）被害は繰り返す

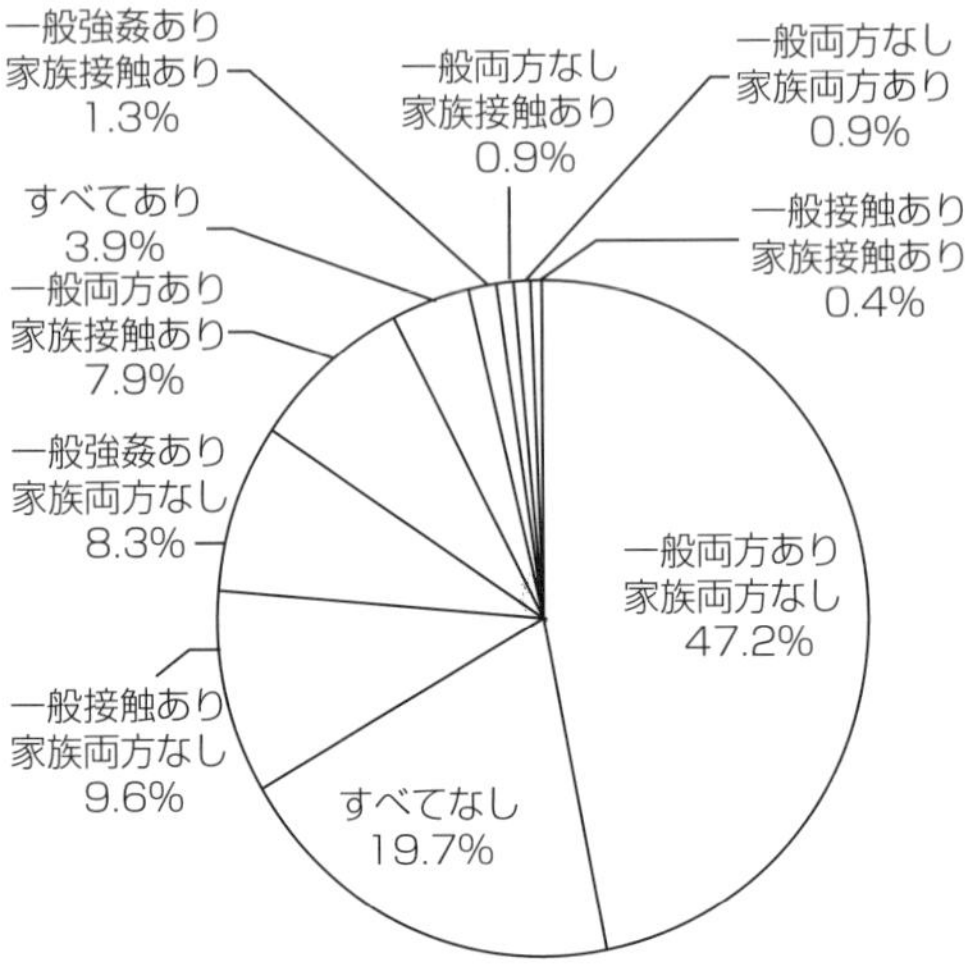

注）　図中のラベルは，本文中の「家族以外からの被害」を「一般」に，「家族からの被害」を「家族」に，「性的接触」を「接触」に置き換えている。

図1　性被害経験の組合せ（総数＝229人）

表1は、各性被害を受けた者にその被害が1度きりであったのか、複数回あったのかを質問した結果を示したものである。いずれの被害経験においても、「繰り返しあった」とするものが最も多い。

また、たとえば「家族からの性的接触」の有無と「家族からの強姦」の有無といったように、性被害の種類を2つずつ組み合わせて被害の有無のクロス表をすべて作成し、「χ^2」検定を行ったところ、「家族以外からの性的接触」と「家族以外からの強姦」との間、「家族からの性的接触」と「家族からの強姦」との間、「家族以外からの強姦」と「家族からの性的接触」と

表1　各性被害の被害回数

性被害の種類	1度だけ	繰り返しあった	覚えていない	合計
家族以外からの性的接触	24 (15.5)	107 (69.0)	24 (15.5)	155 (100.0)
家族以外からの強姦	37 (24.0)	96 (62.3)	21 (13.6)	154 (100.0)
家族からの性的接触	10 (29.4)	23 (67.6)	1 (2.9)	34 (100.0)
家族からの強姦	2 (20.0)	6 (60.0)	2 (20.0)	10 (100.0)

注1　無回答を除く。
　2　（　）内は，構成比である。

の間に有意な関連が認められた。そして、関連の仕方を見てみると、1つの被害を受けている者は、受けていない者と比べて、もう一方の被害も受けている場合が多い、という結果となった。

この関係は、性被害同士だけではなく、性被害と身体的暴力の被害との間でも見られる。「性的接触」と「強姦」の少なくとも一方被害を受けた者を「性被害あり」とし、「軽い暴力」と「ひどい暴力」の少なくとも一方被害を受けた者を「暴力被害あり」としてクロス表を作成したところ、「家族以外からの暴力被害」と「家族以外からの性被害」の間、「家族からの暴力被害」と「家族からの性被害」との間、「家族からの暴力被害」と「家族以外からの性被害」との間に有意な関連が見られた（統計的分析の詳細については、研究部報告[5]を参照されたい）。

表2　被害を受けた時期

性被害の種類	小学校入学前	小学生の時	中学生の時	中学校卒業後	総数
家族以外からの性的接触	6 (3.8)	24 (15.2)	100 (63.3)	95 (60.1)	158
家族以外からの強姦	−	9 (5.7)	86 (54.8)	104 (66.2)	157
家族からの性的接触	3 (8.8)	14 (41.2)	18 (52.9)	10 (29.4)	34
家族からの強姦	−	5 (41.7)	5 (41.7)	6 (50.0)	12

注1　無回答を除く。
　2　重複選択による。
　3　（　）内は，総数に対する比率である。

これらの結果から、女子少年院在院者は、様々な種類の被害を繰り返し受ける傾向がうかがえる（ちなみに、男子においても同様の結果が出ている）。なかでも、「家族からの被害」と「家族以外からの被害」との関連や、「性被害」と「暴力被害」との関連が認められるのは興味深い点である。

（4）被害を受けた時期

では、彼女たちは、いつごろ性被害を受けたのだろうか。時期を「小学校入学前」、「小学生の時」、「中学生の時」、「中学卒業後」の4つに分けて、重複選択により質問した結果が、表2である。家族以外からの性被害は、中学生以降に受けた者が多いが、家族からの性被害は、小学生時に受けた者が半数近くいることが特徴である。

彼女たちの初発非行の時期は中学生時が約60％と最も多いが、初めて被害を受けた時期と初発非行が見られた時期とを比べると、家族以外からの性被害は、初発非行と同時期である者が最も多く（51・4％）、次に初発非行が被害に先行した者（30・7％）が続く（ただし、同時期とはいっても、「小学生時」のように時間的にはかなり幅がある。その期間の中でどちらが先かは不明）。家族からの性被害については、被害が初発非行に先行する場合が最も多い（42・9％）のが特徴であり、次に同時期である者（34・3％）が続く。

（5）加害者はだれか（重複選択）

家族以外からの性被害においては、「全く知らない人」、「先輩」、「友達・恋人」が多く、性被害を受けた経験のある女子の40～50％が、これらの者が加害者だったと回答した。家族からの性被害においては、「性的接触」で「義父」と「きょうだい」が、「強姦」で「夫・同棲相手」と「実父」が多かった。

（6）被害後の行動（重複選択）

家族以外の性被害においては、30～40%の者が「じっとがまんした」り、「気にしたり、考えたりしないようにした」一方で、強姦の被害にあった後、「酒を飲んだ／薬物を使用した」者が42・6%、「自殺しようとした」者は14・2%いた。家族からの性被害に対する反応は、「家出した」者が40～60%台と目立つ。家族から強姦の被害を受けた者で「酒を飲んだ／薬物を使用した」者が63・6%、「自殺しようとした」者が36・4%いた。

3、まとめと考察

少年院在院者の女子の性被害経験率は高い。それも、強姦のような深刻な被害を多くの者が繰り返し体験している。本稿で定義した「性被害」のうち、1つの種類の被害を経験している者は、別の種類の性被害も受けている場合が多いことも明らかになった。暴力被害と性被害の間にも同様の関係がある。

性被害と非行との関連についていえば、家族からの性被害の方が、家族以外からの被害よりも初発非行に先行する割合が高いことから、性被害を含めた家庭の虐待的環境が非行に影響する場合が多いのではないかと推測される。また、非行が見られるようになった後、多くの者が家族以外からの性被害を受けているという結果は、家庭外の環境、おそらくはいわゆる「不良交遊」の場、も彼女たちにとって性被害を受ける危険性の高いものであることを示唆する。

暴力被害と性被害との関連は、結局両者とも「力による支配」にあるのであろう。1度暴力に対する恐怖心を植え付けられ、無力感が強まると、その後は暴力を予想するだけで、支配下に置かれてしまうことがありうる。また、加害者はたいてい被害者を悪者に仕立てるものであり、「おまえが悪いからだ」と言われて暴力を受ける経験は、彼女たちをより無力化させる。このことは、たとえば将来ドメスティック・バイオレンス（DV）の被害者となる危険性にもつながる。実際、本調査の自由記述欄には、恋人や同棲相手からの暴力について記載していたものも少なくなかった。たとえば、〈19歳、本件非行覚せい剤、実父母ときょうだいからの暴力、友人・恋人・先輩からの暴力と強姦を含めた性被害、同棲相手からの暴力と強姦を含めた性被害、を経験している女子〉は次のように記述している。

「親や兄弟から、首を絞められ、死ねと言われたり、つばを吐きかけられ、汚いと言われたりしたことは一生忘れないと思う。同棲相手が暴力を振るったときに、あとからすごく優しくなったり、泣きながら謝ったりされるとつい許してしまったりする。つらいのに離れられなくて、余計苦しいのが続いていた……（後略）」。

この記述に見られるように、自己評価の低い女子は、自分を認め、愛し、受け入れてくれる相手を切望しているため、相手に優しくされ必要だと言われると、今度こそは自分を大切にしてくれるのではないかという期待にすがって、なかなか男性の支配から抜け出すことができない。

この「認められたい、愛されたい、受け入れられたい」という欲求も、家族外での性被害の多さに関連しているように思われる。暴力の被害経験によって、暴力に支配されやすくなるということだけでなく、「接近」、「受容」を求める気持ちが、彼女たちの「無防備さ」につながっている気がするのである。典型的な女子少年院在院者としては、虐待的な家庭環境から逃れようとして、外に依存の対象や居場所を求めたものの、守ってくれることを期待した友人や恋人からは、性的に搾取されたり暴力を振るわれたりすることが続き、心の痛みを紛らわそうとしたり投げやりになったりして問題行動に至る、という像が浮かぶ。

男子なら、自分が「侵害された」とき、侵害を押し返そうと攻撃的な行動に出るのかもしれないが、女子の場合、侵害されて価値のなくなった自分を消そうとするかのように自棄的な行動に出ることが多いように感じる。(平成12年の少年院新収容者において、薬物非行を本件として入院した男子は6・8%であるが、女子は39・7%である)[4]。そんな彼女たちにとって少年院は一種の「シェルター」になっている面もある。処遇にあたっては、被害体験とそれに伴う感情を共有しエンパワメントすること、暴力については加害側に責任があることを明確にすること、そして自分の非行の責任についても考えて受け入れていくことが重点になろうか。女子少年院在院者の被害の実態について処遇側が認識を深めることで、できることはまだまだあるように思う。

激しい暴力を暴発させた少年の心の限りと広がり

藤岡淳子

はじめに

暴走族等の集団による傷害事件で入院している少年たちのグループワークを少年院で行っていた際、ある1人の少年が、「犯罪被害者の遺族の手記を読んでいて、遺族がかわいそう、自分もひどいことをしたんだなと思ったが、僕は、少年Aとは全く違う、彼はおかしいと思った」と発言した。この発言をめぐって、自分はA少年と似ているか、違うかという話題となった。グループメンバー7名中、3名が「全く違う」、2名が「似ている」、2名が「わからない」という意見であった。「全く違う」派は、「僕たちは殺そうとしてやったのではない」、「理由があって殴った」という意見であり、「似ている」派は、「僕たちの被害者も、受けた痛みに変わりはない」、「僕もナイフを持ち歩き、チャンスがあれば刺してみたいと思っていた」という理由であった。

中に1名、他の少年院で、凶悪な殺人事件を起こした少年と一緒になったことのあるメンバーがいて、「僕は、彼は僕たちとは全く違うと思う。でも、彼を見ている限りでは全く普通に見えて、逆に僕たちと変わらないのが不思議だった」と述べていたのが印象的であった。その言葉は、そのグループのメンバーである少年たちにもそのままあてはまる。やったことを知る限り、その凶暴さ、残虐非道さに恐ろしくなり、そんなことができるのは「おかしい」に違いないと感じる。しかし、少年院でともに生活し、グループで話し合いをしていると、むしろ「良い少年」たちに思えるのである。そのギャップの大きさにむしろ驚く。

一般人には「おかしい」としか思えないような激しい暴力を振るう少年たちの心性はどのようなものであるのか、そして、世間から見て「非行少年をやっている」、すなわち不良交友があって、主として集団との関わりの中で激しい暴力を振るう少年と、「いきなり」、単独で激しい暴力を暴発させた少年とでは、どこがどのように似ており、また異なっているのか？　後者については、拙書『非行少年の加害と被害』で触れたので、ここでは前者を中心に述べ、その異同について簡単にまとめたい。

1、仲間関係にからんで激しい暴力を振るう少年たち

(1) 暴力の効果を実感するとき

暴力を振るう少年の多くは、小学校時代にいじめられ体験がある。誰にも言えず、「ずっとがまんして」、中学生になった頃、「大掃除の日、花瓶持って殴ったら、皆が避けるようになって、強くなった気がした」、「不良グループにCD盗んで来いって言われて盗んできたら、その日を境に使いっぱにされた。ある日ビール買って来いと言われて買ってきたら、銘柄が違うと難癖つけられて、笑いながら殴られた。切れて、思いきりやり返したら、驚く位圧勝した。こんないい方法あったんだ、すごい楽だって気付いた。それからは気に入らなければ暴力、逆らってくれれば暴力」、「僕は身体小さいから道具使った。悪いとは思ってなかった。今までやられたから何倍にもしてやり返すのが当然だと思っていた」といった出来事を契機に、暴力の効果に気付き、ある意味でし癖化し、暴力が万能の解決手段

となっていく。対人関係における葛藤について、他の解決手段を考えたり、試みたりすることはなくなり、暴力で一気に決着をつけようとする構えができあがる。

少し目立つようになれば不良が近づいてくる。中学校の不良グループや、中学卒業後は、地元の暴走族あるいはチームに入る。授業さぼって遊んだり、やりたい放題やるのは楽しいし、学校あるいは地域の中で一目置かれたいし、不良グループの方が、居心地がいい。集団の威勢を背景に肩で風切って歩けるし、ペコペコしていた自分がペコペコされる方に廻るのである。

しかし、不良集団の中でも、認められ、地位を確保し、あるいは上げなければならない。先輩に暴力を振るわれても、絶対にやり返せないし、なめられないように喧嘩のときには最初に突っ込むとか、バットや包丁を用意するくらいのことはしなければならなくなる。他グループとの抗争や、喧嘩時には「絶対に引くな」と言われ、引くわけにはいかない。引けば面目と、メンバーシップとを失う。先輩や他グループと喧嘩するときは、相手も「絶対に引けない」から、骨折ったり、血流したり、勝つか負けるか、やるかやられるかしかなくなる。後ろ盾として暴力団がつき、そうなると非行の範囲を遥かに超えていく。暴力で問題や対人葛藤を解決しようとすると、結局はそうなる他ないのであるが、成員1人ひとりは極めてまじめにグループに準拠し、認められようと努力する。グループの規範そのものが不適切であるので、まじめに努力すればするほど間違った方向へと走るのである。結果は、とんでもない、信じられないような暴力事件となり、深刻な犯罪被害をもたらす。

彼らは、対人関係の緊張や葛藤、自身の欲求充足のために「魔法の杖」としての暴力に頼ってきたため、思春期に身につけるべき社会性が身についていない。既述のグループワークで、被害者の視点に立たせるための課題のひとつとして、「オヤジ狩り」の事例を提示したことがある。自分の父が、少年たちの「オヤジ狩り」に遭って、入院してリハビリを余儀なくされたという前提で、その時、「僕は、母親は、その他の家族は、父親は、どう感じるか」というテーマで話し合ったのである。「どう感じるか」という設問であるにもかかわらず、「仲間を集めて加害者を探す」、「相手をぶっ殺す」、「賠償金をふんだくって、自分が遊ぶ」といった、感情と思考とをすっとばした報復行動が抵抗感乏しく語られたのが印象的であった。リーダーとして参加していた若い男性職員が、「まず容態が心配。それから怒り。やり返したいけど、ことを荒立てたくないし、警察にまかせる」と述べていたのとは、はっきりと対照的であった。同様に母親、父親、他の家族の気持ちについても、「僕はお母さんじゃないからわからない」、「オヤジはやられて情けない、恥ずかしいと思うのでは」といった、それが家族であってさえも他の視点に立つことが難しい様子が窺われた。自分の気持ちさえよくわかっていないのだから当然であろう。

(2) 暴力をめぐる価値観の歪み

ちなみに、暴力的な世界に日常暮らしている彼らは、自身も暴力の被害にたくさん遭っているが、「喧嘩のとき、痛みや怖さはあまり感じない」と口々に述べる。「僕、丈夫だから、ただ早く終わればいいって……。よくぶっとばされてたから。1週間に1回くらい」、「(暴走族同士の抗争で)現場になったら収まりつかない。加減わからない。死んでしまったとしても、いつ死んだのかわからない。40、50人いて、誰が誰かわからない。実際味方同士やってたり、逃げてるやついたりして。夢中になってるから」、「痛いとは思わない。悔しい。いつか絶対見つけてやってやるとしか考えていない」といった具合である。痛いとか、怖いとか感じていたら、喧嘩はできないのであろうが、感じるのが自然である、痛みや恐怖、不安を「感じない」のは、何かがずれてきているとしかやはり言いようがないであろう。

暴力や暴力を肯定する集団に依存していること、自身の痛みや恐怖にさえ鈍くなっていること、暴力が日常にあってなれきってしまうこと、他の気持ちや視点に立てないこと、それらの結果、彼らの暴力への態度は、極めて「異常」になりうる。「たかが、首元に果物ナイフ押しつけて浅く切ったくらいで、たかが相手の肩とか足で踏みつけたくらいで、なんで暴力と呼ばれなくちゃならないのか？これくらいで逮捕されて、少年院で1年もすごさなければならないのか？」、「オートバイ事故で死んだ友達の悪口言っている人がいて、許せなくて、殴って怪我をさせた。今でも、被害者に謝って欲しい」、「まじめな友達に恐喝されていると相談されて、金属バット持って乗りこんだ。コンビニの前で溜まっているところに行って、〇〇は誰だと聞いたら、2人でお互いに指差したのがいて、余計腹立って、頭めがけてフルスイングした」、「先輩に『(被害者は)お前に殴られたいと言っている』と言われて殴った。早く帰りたかったし、殴らないと自分が先輩に殴られる。被害者も僕が少年院入ってしまって申し訳ないと言っている。僕も被害者」、「カラオケで延長料金請求されて店員を殴った。警察に通報されて頭にきて、翌日金をとりに行って逮捕された。こんなことで、まさか少年院に来るとは思わなかった」等々である。こうなると、一般人である職員は口をあんぐり、この子たち、やはり「おかしい」と思うが、彼らは、「そんなことで少年院に来るなんてかわいそう」、「たいしたことじゃない。少し金払えば解決できるのに」、「友達思いで、やさしい」等々の反応である。頭めがけて金属バットをフルスイングできることと、「友達思いで、やさしい」という評価とが両立できることが不思議でならない。

ただし、彼らはやはり「話せばわかる」という印象も強い。これまでは話す前に暴力を振るってきたのであろうが、暴力ご法度の少年院では、自分の気持ちや考えを、話し、書き、見つめ、一般人の価値観・生活観と強力に対比させられる。一生を犯罪者としておくのは損だと考える彼らは、「ヤクザになる気はない。殺されちゃいますよ」とのことで、自分の暴力非行について人前で話すことによって、「自分たちの暴力に対する考え方は一般社会とは大きく違っていた」と気付き、「ばかばかしかった。暴力は損だ」、「強がっていたけど、集団に頼って、1人では何もできない情けない男だった」、「暴力以外の解決方法をとれるようになりたい」という考えに変化していく。関連して、「器の大きいやくざ」、「喧嘩が強くて、まじめではなくて、頭の回転の速い人」、「素手で喧嘩したとき一発でのしてしまうような先輩」、「強くて、頼りにされる」、「自由気ままで、何にもしばられない」、「金持ち」といったものであった「憧れの男像」が、「謙虚で小さいことを気にしない人」、「心が広くて、暖かい人」、「大切な人を守って、一生懸命頑張っている人」、「トラブルが起きても感情的にならず、冷静に対処できる人」という男性像に変化していく。ある意味で、準拠集団を変化させることさえできれば、新たな生活観に基づく価値の充足を目指して、努力できるのが彼らなのである。

（3）背景にある家族の状況

彼らはなかなか口にはしないが、一般的には、家族を通して、向社会的価値観・生活観を取り入れて大人になっていくのに、彼らが「不良集団」に準拠枠を求める背景には、やはり「家族」が準拠集団たりえなかったという事情が共通しているように思われる。それは、父親が元暴力団員であって、暴力を振るうことを肯定している場合もあるし、家族がぐちゃぐちゃで、不良交友の方が、ずっと頼りになるということも多い。例えば、「オヤジは、感情に左右される方で、僕たちがテレビ見てると、俺が見るんだー、あっち行ってろって。父親が6時に起きて、俺が起きてるのになんで起きないんだあって、いきなり殴る。自分の思うようにいかないとすぐ暴力を振るう。小学生の頃、外で喧嘩して、負けて泣きながら帰ってくると、負けて帰ってくるなって、またオヤジに殴られる。おふくろはオヤジに殴られるのが嫌で、出ていったきり」、「オヤジは女遊びが激しくて、いっつも両親は喧嘩してて、母親にどっちにつくのって言われていた。母から聞かされるのは、オヤジの悪口ばかり。母は出ていって、姉も彼氏と同棲して、僕も家に帰らなくなった。結局離婚したけど、喧嘩ばかりするなら別れた方がいい」、「オヤジの暴力に耐えかねて、母は僕たちを捨てて出ていった。その後、僕たちがオヤジにひどく殴られていた」、「おふくろは出ていったきり音沙汰無しなので、僕が覚えているのは泣いている姿だけ」といった状況で、父親の暴力がひどくて、母親が弱く、存在感が乏しいか、あるいはいなくなる。あるいはそこまでいかなくとも、父親は、「無口で、何を考えているかわからない」、「口うるさくて好きではない」と認知されている。典型的には、妻や子どもたちなど家族に対して暴力を振るうか、あるいは家族に対しては振るわない場合でも、暴力に対して極めて肯定的な態度を父親が有しているか、あるいは父に認められない息子と感じていることが多いように思われる。いずれも、そもそも小学生時代におとなしくて「いじめられたり」、その後は「不良集団」に拠り所を求める一因となっても不思議ではない。一方、母親は無力で、自分や子どもを守れずに逃げるか、おろおろして心配しているか、全く影が薄いことが多いようだ。暴力による問題の決着に介入するのは、「感情的な柔らかさ」や「対人関係における調整能力」といったものであり、「女性性」と呼んでも差し支えないものなのではないか。家庭に「女性性」の力が弱いと暴力が溢れるという印象を持っている。

(4) 集団で暴力を振るう少年の自他関係と彼らへの援助方法

しかし、こうして見てくると、集団に関係して暴力を振るう少年たちは、ある程度「自分」がある。それはひどく自己中心的で、未成熟ではあるが、「人は人」、「自分は自分」なのである。だからこそ、

「人を殴っても別に自分は痛くないから構わない」と豪語できるのであろう。そして、暴力によって、自他の位置と関係とを確認していく。それは非常に不適切ではあるが、暴力が現実に相手の境界を侵害し、自分の境界を侵害されることを伴っているがゆえに、「人と自分」の分離・独立を、手応えをもって確認していける作業ともなりうるのかもしれない。殴ること、殴られることは、確実にそこに「自分とは異なる人間の存在がある」と実感することであり、集団の中で序列を競い合うことは、自分の限界と力、やれることとやれないことを実感することになる。

彼らに対しては、自身の暴力の結果に対して責任を負う構えを持つようにさせた上で、被害者の「現実」に関する情報を与えることは、一定の効果をあげるという手応えはある。被害者の実情に関する事例や手記を資料として与えると、「暴力振るって、こんな思いさせているのが、少しはわかった。本当に真剣にならなければいけない」、「被害者は1人じゃない。家族とか。僕も被害者出してしまって、その家族は同じようなこと考えてるんだな」、「犯罪してきて、無責任だった自分が嫌になった。被害者のことを考えてなかった」、「僕も友達死んだときはすごい苦しかった。それなのに、殺す気はなかったとしても、万が一でも起きてしまうようなことを、当たり前のようにしてた」といったことを感じ、考えることが可能なのである。とはいえ、きちんと手を入れて、準拠集団を変化させ、暴力や非行に関する態度・価値観を変化させ、自らの行った暴力行為がいかに被害者を苦しめたかを理解させる働きかけをしないと、馴染んだ暴力肯定的態度や行動は繰り返される恐れもまた高いことも事実である。

2、いきなり単独で激しい暴力を暴発させる少年との異同

共通するのは、「やられる前にやれ」という攻撃性と暴力を万能の解決手段とする未熟で歪んだ態度、自他の痛みや不安に対する感情の鈍磨、強く支配的であることへの指向である。他方、決定的な違いは、「いきなり型」の少年の暴力は、なかなか実際の行動を伴わず、空想の中で何度もリハーサルされていることが多いということである。少しずつ行動化される場合も、相手は絶対にやり返せない小動物であり、物であり、あるいはやり返さない家族である。同年齢集団の中で、やられっぱなしということはあるが、やったりやられたりという喧嘩はほとんど体験していない。「いきなり型」は、「孤立した優等生」であったり、「相手にしない方がいい変わり者」であったり、「いじめられっこ」であったりすることが多い。現実に肉体をぶつけあって、対等に近い喧嘩をすることがないので、彼らの暴

力には限りがなくなる。夢想の中で、ホラービデオや殺戮ゲームに触発された、万能の力を振るう自分がとめどなく広がるのである。「限りのない」自分の存在は、見方を変えれば、「限りのない」他者の存在でもある。彼は自らの攻撃性を相手の中に見出し、しかもその相手は圧倒的で、万能の力を有し、彼を呑み込んでその存在を無にしてしまう危険性が高いと感知される。相手が強力であればあるほど、相手を攻撃する暴力も半端なものでは足りなくなる。家庭、学校、地域といった集団の中で、同年齢同士の対人関係から、自身の「限り」と「広がり」、できることとできないことを見付けさせていく働きかけが、「いきなり型」の暴力少年にとっては重要であると考えている。

殴る男、殴られる女、そして子どもたち

小西聖子

２００１年10月の配偶者暴力防止法の施行にともなって、ドメスティック・バイオレンス（以下ＤＶ）が社会の注目を集め、施行後３カ月間ですでに１７１件の保護命令が出されているという。もちろん、警察や相談機関への相談数の激増は、実数の増加を示しているのではなく、以前から存在した被害が表面化しただけにすぎないだろう。

臨床の現場にも「ＤＶ」の概念は急速に広まりつつある。けれども、個々の事例に当たってみるとＤＶは相変わらず誤解されやすい被害であることには変わりがない。ここではＤＶについて、臨床家や支援に関わる人たちの研修などの場面で、うまく伝えるのが難しい、誤解されやすいと筆者が感じる点を

中心に暴力の存在する女性、男性、子どもそれぞれについて説明を試みた。

「どなる」「殴る」——伝わりきらないもどかしさ

「殴る男」「殴られる女」というタイトルはDVを表すには実は不十分である。言うまでもないことだが、DVには、身体的暴力だけでなく心理的暴力、性的暴力も含まれるからだ。心理的暴力の幅は広い。包丁を妻に突きつけて脅すのは、DVの常套手段のひとつだが、「もし、お前が出て行ったら、ここで死んでやる」と夫自身の命が脅迫の道具に使われることもある。小さな子どもを高く差し上げたり、落とすふりをして、妻を脅すという例も複数聞いたことがある。具体的なひとつひとつの暴力は多彩でかつ深刻である。

DVの実態について書こうと思う時、暴力に関する言葉はあまりにも軽すぎると感じることが多い。「どなる」も「殴る」も、書いたらひとことである。書いている人間には痛くない、恐くもない。もしかしたら暴力的な文章や映像を私たちが見なれてしまっていることも実感がない理由のひとつなのかもしれない。紙面や画面には痛みのない暴力のシーンがあふれている。現実の暴力の苦痛はよほど具体的に聞かないと伝わってこないのである。

「どなられたので、恐くてやめました」「殴られるので、言うとおりにしました」。聞く者にとってこういう表現をする被害者は無力過ぎるように感じられる。また被害は大したことでないように感じられる。もっと抵抗できるのではないか、いやと言えるのではないか。そう感じる人もいるだろう。「どなられるだけなら、別にいいじゃないですか」。そういう言いかたがされるのを聞くこともある。被害のことを周囲の人に相談しても無視された、軽く「我慢するように」言われた。わかってもらえなかったのでだれにも相談しなかったという被害者が多いが、その理由のひとつに、暴力の深刻さが伝わっていないということは少なくない。

「どなる」のも、典型的な心理的暴力である。人はどなられるだけで——身体は全く痛くなくても——十分に傷つく。どなられることは人の感情を感じ取る力のある者にとっては苦痛である。だからこそ執拗にどなるだけでも、ある程度人を支配することができる。ある妻はどなる夫についてこう言っている。

「大声でどなる」って、1行で（書けて）も、それはすべてを意味する。大声でどなるということの中には、だから、もちろんそれはどなるのは楽しくてどなるわけじゃないから、妻や子どもに対して非常に屈辱的な暴言ですよね。理不尽なめちゃくちゃな言い分で、非常に相手を陥れる、おとしめるような屈辱的な言葉を大声で妻や子どもに浴びせかけ、子どもたちを犬畜生呼ばわりして「この通信簿は何だ。こんな点をとってくるやつは人間じゃない。犬畜生だ、お前らは」というような、たとえばそういうことですね。で、そうやって、めちゃくちゃな自分の一方的な言い分で、長いこと、そうやっていつも子どもに延々と説教するわけですよね。(「配偶者等からの暴力に関する事例調査」より　内閣府２００２年)

毎日のように、そうだなあ……、能なしみたいなんを、これって甲斐性なしとかいうのに似てるんですけども、だから、「どうせおまえは何したって俺みたいに、給料稼げへんのやから、偉そうなことをいうな」と。なにかトラブルがあったら、お前はアホなんやから、どうのこうの、っていうふうに。けっこう自信なくしましたね。(同)

正しい正しくないということとは関係なしに、長時間どなられたり、家から締め出されたり、土下座させられたりすることは、人を深く傷つける。

逆説的な言いかたになるが、ＤＶの被害を見ると、暴力は人を支配するのになんと有効な道具だろうと思える。例えば妻が外出する時に監視し、そのあと長時間執拗にどなるようにすれば、まず確実に妻の外出をやめさせることができるだろう。「夫が嫉妬するから、だんだん怒らせないようにするために外に出て行かなくなった。行くたびに怒るから。それで外の友達と付き合いがなくなっていった」と述べるＤＶの被害者は多い。

もしこれと同じこと――すなわち妻に外へ行くのをやめてもらうこと――を暴力の使用によってではなくて、妻自身の自己決定によって、行ってもらうためには、おそらく夫には大量のコミュニケーションや人への配慮が必要とされるだろう。暴力は、こういったアサーティブなコミュニケーション能力の乏しい人にとっては、自分の不安を紛らせ、自分に都合よく人を変えていくことができるように思える数少ない手段なのである。

直接的な暴力がなくても心理的な支配は存在し得る。また暴力を振るわれても心理的には支配されていないこともある。支配的で保護的な母親や、ほぼ対等なケンカを思い起こしてみればそれは明らかである。暴力と心理的な支配は同じものではない。ただしくり返し一方的に暴力を振るうためには、不平等な力関係が必要だし、また相手に対する暴力は支配を強化する有効な方法でもある。つまり一方的な支配関係があるからくり返し暴力を振るうことができ、くり返しの暴力がまた支配を強化するという構造になっている。そうなると暴力と支配は一体のものとなっていく。実際一旦始まると多くの暴力が時間とともに悪化していくのである。

DVの被害者に対して多くの人が抱く疑問は、なぜもっと早く逃げ出さないのかということである。最近もまた、男性とその両親が、同居した女性に暴力を振るい、監禁し、餓死させたという悲惨な事件があった。それでもそんなひどい男となぜ一緒にいたのか、監禁される前になぜ逃げ出さなかったのか、というのが、素直に浮かぶ疑問だろう。さらにほかの多くのDV被害では、被害者は監禁されてさえいない。買い物にも行き、ひとりにもなれるし、相談にも行けるはずだ、それならもっと何とでもなるではないかという考えも出てくるだろう。

被害者が「逃げない」——逃げられない——理由は、ひとつは、自由になる金がない、とか逃げても子どもと一緒に安全に過ごせるところがないという認知を被害者が持っていることにもよる。お金がなくとも、子どもと一緒にとりあえず過ごせる場所は実際には配偶者暴力相談支援センターや民間シェルターにあるはずなのだが、このような情報はなかなか被害の当事者には届かない。また物理的にでなく心理的な監禁状態が逃げられない状況をもたらしてもいる。逃げたらもっとひどい復讐が自分や、自分の親戚にまで及ぶのではないかという心配、加害者への恐怖感、自分はなにもできないという無力感、無能感、だれもわかってくれないという周囲への不信感なども逃げられない心理を形作る。暴力の恐怖の大きさと被害を受ける者の心理をよく理解する必要があるだろう。

加害者の教育

DVの実態がわかるにつれ、多くの人が、被害者のことばかりやっても、この事態は解決しないのではないか、むしろ加害者教育をして暴力をなくすることが本筋ではないかと考える。それは全くそのとおりである。なぜ被害を受けた人が家を出て苦労しなくてはならないのか、加害者が出て行くのが本当だという考えもあるし、実際次々と複数の女性と結婚してどの人にも暴力を振るう「累犯」の男性もいる。このような時に、たくさんの被害者ではなく、ひとりの加害者を治療すべきだという考えも正当なものである。加害者に矯正教育が為されるべきこと、また加害者自身もサポートされる必要があることは、誰もが認めることであろう。

でも敢えて、同時に、加害者治療はむずかしいと述べておきたい。そもそも犯罪者の治療はむずかしい。更正する人も確かにいるが、基本的には歩留まりが悪いものである。被害にあった人と、加害した人のどちらが変わる可能性が高いかというと、年齢などの条件が同じなら一般的には被害者のほうであろう。また男性より女性の方が心理療法になじみやすいという点もある。暴力を振るうという行為と、心理療法のなかで自分と向き合うという行為は、その性質が相反するところが多く、葛藤を暴力で解決するタイプの人は、普通は心理治療への動機づけが低く、動機を持たせること自体が大変である。

ＤＶの加害者の多くは他罰的であり、自分の行為を正当化し、過小評価し「向こうが生意気な態度を取ったからだ」「口答えさえしなければ殴らない」「妻のことを愛しているから自分が教育しているだけ」「ちょっとたたいただけ」「一度くらいはケンカになったこともある」というように話すことが多い。例えば離婚調停の場においても、加害者は暴力を否定し過小評価する。こういう人たちが簡単に矯正プログラムに参加するとは考えにくいだろう。

米国などで行われている多くの加害者のプログラムは強制力を持っている。１９８０年にミネソタ州のドゥルースで始められたアメリカの加害者プログラムの草分け的存在である、ドメスティックアビューズ介入プロジェクト（ＤＡＩＰ）に代表されるように、ＤＶ加害者への治療プログラムは、裁判所の命令等によって行われることが多い。参加しないと法律上不利になるわけである。治療から脱落すると刑務所に行かなくてはならないケースも考えられるがそれでも脱落する者もいる。また受刑者や対象者の中から希望者だけを選抜する方式もある。一方で自発的に治したいとする人たちを対象としたコミュニティグループもある。どちらも内容としては、怒りの管理法を教え、グループサイコセラピー、個人サイコセラピー、自助グループなどを行っているのが普通である。

現在日本においては、すでに2、3の自発的なグループはできている。自ら悩み、変わりたいと申し出る人たちには、さらに受け皿を作る必要があるといえよう。また少数ではあるが受刑しているDVの加害者は従来の中での教育を考えることもできるだろう。しかし、DVの多くの加害者が属しているのは、その中間の領域である。実刑判決を受けることもないが、自分から変わる気持ちももたない加害者。この膨大な部分については、日本にはまだ調査もなく、あまり短い期間では対策を講じることもできないだろうと思われる。まだ、始まったばかりの支援で、資金も限られているのであれば現に困って助けを求めている被害者をサポートするほうが、正当なことだろうし、現在のところでは実効ある支援にもなりコストパフォーマンスもいいと筆者は考えている。

暴力の被害の子どもへの影響

子どもがね、「パパを私が殺ってあげる」みたいなことを言ったりとかもするんですよね。(「配偶者等からの暴力に関する事例調査」より　内閣府２００２年)

子どもに向かうような暴力はなかったんで「子どもたちは学校さえ卒業すれば、もうこの子たちで家を出るなら出ていいし、実家に戻すこともできるし」とか思って「とにかく、我慢するしかないなあ」と思って、我慢しようと。ところが、いまになってからですけどね、その状況を見て、うちの子どもからは「実はもう自殺まで考えてた」って言われました。目の前で暴力は振るわないんですよ。学校に行って子どもがいない時間帯、あとは深夜、夜中ですね。皆静まった頃合を見計らって暴力を振るうんです。でも「知ってた」って、言ってました。まあ知らないわけないですね。翌日、もうこんな傷だらけになっていましたから。もう動けなくて、こんなになってますからね。わからないわけはないですよね。それで、かなり精神的に子どもは子どもで参ってたみたいですね。(同)

子どもも親の間のＤＶから深く影響を受けていることがわかる。ＤＶのある家庭には虐待も多い。英米圏でこのような研究は多数行われており、例えばすでに10年以上前から、ＤＶの加害者である父親の7割が子どもも虐待していたという報告もある。また暴力の被害を受けている母親が子どもを虐待していることもある。被虐待児がＤＶを目撃している率は諸研究で一貫して高く、約半数程度の者に見られている。

児童虐待の合併というような直接的な関係だけではなく、近年になって、暴力場面を目撃するだけでも子どもには衝撃となることがわかってきた。また、極度の身体的暴力の場面だけでなく、母親への性的虐待や情緒的虐待を目撃することも、子どもに悪影響を与えるとされている。

実際に被害者の話を聞くと、子どもを巻き込んだＤＶもよく見られるものである。妻がどれだけ無能で悪い人間かということをわざわざ子どもを呼び出して子どもの前で話したりすることが見られる。

子どもとＤＶとの関わりは複雑である。まず、暴力のために、子どもの安全や、環境の安定は脅かされ、発達に影響するし、また暴力的なストレス対処や支配的なコミュニケーションや性別役割を家族の中で学ぶということもある、また家に心配があるために、家庭外での子ども同士の活動が阻害されることもあるし、逆に家によりつきたがらず、家出や早期の結婚や同棲をもたらすこともある。暴力のある家庭で育った子どもがすべて、また暴力を振るう父親になったり、振るわれる母親になったりするわけではないが、自己評価が低く、対人関係に困難があったり、あるいは抑うつ的であったりする可能性は相対的に高い。

暴力を目撃する子どもは、父母の暴力を止められない自分の無力を責めている。また自分が父母の葛藤の原因となっていると感じていることが多い。このような自責感や無力感は、DVのある家庭に育つ子どもの感情として特徴的なものである。暴力のある家庭、暴力的なコミュニティで育つ子どもの問題がいまさまざまに研究されている。このことがメンタルヘルス、暴力犯罪、薬物問題などに大きな影響を与えている可能性が高い。家庭の中の暴力を予防するためにも子どもへの介入、支援は重要である。

まとめ

DVに関わる女性、男性、子どもの心理に関わる問題について取り上げた。女性に対する暴力の影響の大きさは「殴られる」という言葉だけでは、なかなか伝わりがたいこと、そのことが被害者を孤立させること、「殴る」側の治療教育の困難さ、子どもへの影響の大きさ。取り上げたことは、DVの全体像の中ではほんの一部にすぎない。臨床心理学の分野でも、英文では豊富な研究成果についての文献展望も書かれているので、必要な場合はそれらを参照してもらいたい。

ホームレス――その被害体験と加害行動

大場玲子

1、はじめに

霞が関の官庁街の一角を占める法務省に、紙袋や汚れたスポーツバッグに詰め込んだ荷物を抱えてやってくる男たちがいる。彼らは、ほぼ例外なく4階の保護観察所を目指している。地下鉄の霞ヶ関駅には、千代田線、日比谷線、丸の内線の路線が乗り入れていて、地上の各省庁に向かってせわしなく往来する通勤の人たちの中で、茫然と官庁表示の前に立ちすくむ「彼ら」に、「保護観察所をお探しですか」と尋ねると、たいていは、そうだと答えるのである。そして、中には、観察所と長い付き合いの人もいて、「昔の観察所の方が、オンボロだったがずっと良かった」と愚痴ったり、嘆いたりする人もいる。

東京保護観察所が飯田橋の古い庁舎から、皇居に面してそびえる20階建ての法務省ビルに移ったのは平成2年の夏であった。旧庁舎は、ネズミ色のこぢんまりした建物で、4階建てのくすんだ壁には、あちこちにひび割れがあった。この庁舎には更生保護官署しか入居していなかったから、ここを訪ねるのは、保護司等のボランティアを除けば、ほぼ例外なく保護観察の対象者かその家族で、入庁者に目を光らせる警備員もいない階段を数段上がれば、すぐさま勝手のわかった窓口係が、それぞれの担当官に彼らをつないでいたものだった。

ここでは、逆立った金髪も、鼻ピアスも、胸元にのぞく刺青も、さして珍妙なものではなく、ごく日常の風景に溶け込んでいた。そして、全財産を詰め込んだ紙袋もしくはスポーツバッグを抱えたホームレスの人たちもまた然りだったのである。

昔話の前書きが長くなった。つい先日も、路上生活を送る保護観察対象者から、「そのビルは入りにくい」と言われ、隣接する日比谷公園で面接したことを思い出したからである。

2、最近の事例から

さて、このホームレスの事例を紹介しよう。最初にお断りしておくが、この事例は１人のケースを忠実になぞったものではない。プライバシーを配慮し、ケースの特徴を損なわない程度に変更を加えてある。

(1) 日比谷公園にて

先日のことである。面接を予定していた保護観察対象者から電話があった。「日比谷公園から電話している。入りにくいから、このまま帰る」。帰ると言っても、彼はホームレスである。だいたいのねぐらは知ってはいるが、そのまま いなくなられては困る。そのときの面接には、「彼を郷里に帰す」算段をするという明確な目的があったので、どうしても会いたい。法務省のビルは入りにくいの、酒を飲んでいるから入れないのという彼に、その場を動かないように言う。「○○公園の売店前のベンチ」とか「○○通りの植え込みのあたり」といった面接場所の設定は、通常の保護観察ではあまりしないけれど、このような場合は仕方がない。

さて、当の本人はくだんの売店前ベンチで、ちゃんと待っていた。朝から酒が入っているらしく、上機嫌である。汚れたジャンパーに、シミだらけの折り目のないズボン、顔は赤黒く焼けて、垢じみた髪はてらてら光っている。遠目にも、「ホームレスそのもの」であることに内心忸怩たる思いを感じる。というのは、保護観察になった当初には「その雰囲気」はなかったからである。どちらかといえば、「勤め人」というイメージのあった彼が、数カ月の路上生活で、その雰囲気を身につけたことに、ただ漫然と保護観察の期間が経過したと思い知らされた。

(2) 保護観察になるまで

彼は、ホームレスとしては、いわば「新参者」である。「懲役1年執行猶予4年保護観察付」という判決を受けたのは、無銭飲食と酔っ払って駅の券売機を壊したという器物損壊事件を起こしたからで、それ以前に数カ月の路上生活歴を有するにすぎない。会社勤めを辞め、家賃が払えなくなって、賃貸アパートから出され、当初は手持ちの金でサウナかカプセルホテルに泊まっていたが、所持金が底をつき、路上生活を余儀なくされるに至ったという、ホームレスのホーム喪失過程では、月並みというか、お定まりのコースを辿った末の事件である。

ちなみに、その犯行の動機は、「疲れ切って、公園のベンチで寝ていたら、全財産の入ったバッグを盗まれ、ヤケになった」からだという。路上生活を送っていると、「盗んだ」「盗まれた」というのは、よく聞く話で、彼の場合、わずかばかりの現金と着替え全部、そして免許類の入ったバッグを持ち去られ、茫然自失となったあげく、自暴自棄になって、犯行に及んだというわけである。

家もない、仕事もない、金もないという、ただでさえ八方塞がりの状況の中で、さらにむしりとられて丸裸になったとき、彼はもうだめだと絶望したのだという。1つには、免許がなくなったから。普通に暮らしている人にとって、自分が何者であるかを認識し、あるいは証明するのは容易である。例えば、妻にとっての夫であり、子どもにとっての父であるという家族の中のポジションや、会社の中の肩書きや地位など、さまざまに帰属する集団との関係の中において、自分は何者であるかを規定する。あまりに容易すぎて、普通は意識することもないくらいだ。しかし、これらの絆を断ち切って（絆から断ち切られて）、1人自分のみで路上生活をしていると、免許は自分が何者であるか、そのアイデンティティを確認する手段となる。それが、無慈悲にも奪われたとき、彼は最後の拠り所を失ったと感じたのである。

普通に生活していても、免許を紛失することは珍しいことではないし、置き引きに遭うことだってあるかもしれない。しかし、ホームレスの人たちにとっては、免許の再交付の手続きも、置き引きの被害届を出すことも、到底実現不可能な遠い世界の出来事のように感じるようだ。極端に言えば、もっともなじみの深い自分の名前すら「自称〇〇」にすぎなくなる。

こうして、全く得るもののない器物損壊事件に至ったというわけである。ホームレス間の「盗んだ」「盗まれた」といった加害被害は、事件になりにくくとも、こと加害行動が一般社会に向けば、瞬時に犯罪として処理されることとなる。

(3) 保護観察の始まりと経過

さて、彼のその後に話を戻そう。

裁判所で保護観察付執行猶予判決を受けたとき、本人は所持金がなかった。無一文で犯罪に及び、無一文で釈放されるわけである。このような場合、本人の申し出があれば、更生緊急保護(注1)の措置として、金品の給与等を行うことが可能であるが、これは「親族、縁故者等からの援助若しくは公共の衛生福祉その他の施設からの保護を受けられない場合(注2)」という、いわば緊急の援助と位置づけられている。

本人の場合は、「住所不定、無職、所持金なし、引受人なし、頼るべき親族知人なし」といった典型的なホームレス状態であった。拘置所から釈放され、保護観察所に出頭するための電車賃も持っていなかったので、保護観察官が裁判所に出向き、更生緊急保護の措置として、「小菅（東京拘置所）から霞ヶ関（保護観察所）」までの交通費を支給した。４００円に満たない交通費の支給のために書類を2枚作る。金額の多寡に関わらず、金銭の支出に関する疎明資料の作成は厳しく定められているのである。

こうして、ようやく本人の出頭を確保し、保護観察への導入の手続きをすることができたのであるが、この「住所不定、無職、所持金なし、引受人なし、頼るべき親族知人なし」という状態で、途方に暮れるのは本人だけではない。面接室で対置している保護観察官もまた途方に暮れるのである。思いつくのは、「郷里に帰す」「福祉事務所の協力を求める」「住込就職を探す」等であるが、郷里を

（注1）　犯罪者予防更生法第48条の2。
（注2）　前掲注1。

出て何年も音信不通になっており、住民票は消除され、住所も連絡先も身分証明書もないという状態では、よい解決策が見出せない。このような場合、「更生保護施設」(注3)に委託するという方法もあるが、近年、刑務所人口の増大や不況による影響で、施設の収容状況は常に定員ギリギリという厳しい状況が続いている。

時刻だけが刻一刻と過ぎ、空腹を訴える本人のために、篤志家からの寄付のカップラーメンを探していると、幸運なことに、更生保護施設担当の保護観察官が声をかけてくれた。「S会、今、空きが出ました。入れますよ」。

こうして、彼は、無事に更生保護施設S会に入所が決まった。仕事を探すにしても、住所があるのとないのとでは、求職の難易には雲泥の差がある。ここを足がかりにして、就労を見込んでいた私は、わずか1時間後のS会からの電話に落胆することになった。本人は、S会に来たものの、職員が、「食事や門限などの会の規則」を説明し始めたら、「そんなものに縛られたくない」と飛び出して行ったというのである。

こうして、住所不定で始まった保護観察であるが、彼が連絡してきたり、こちらが出向いて行ったりすることで、何とか接触は保たれていた。公園のねぐらの場所、図書館や寺社のベンチでやり過ごす時間の過ごし方、古雑誌を売ったり、繁華街でのアンケートに答えて得た図書券を換金して得る現金収入のことなど、生活状況の把握もできた。が、できたのは、それだけで、彼が加速度的に身につけていくホームレスらしさには、手をこまねいているだけだった。

(4) 本人にとって「ホームレス」であることとは

前述の日比谷公園での話の顛末を述べておかなくてはならない。彼と私は、偶然にも同じ郷里で、懐かしさも手伝って、それを告げると、彼は自嘲的な笑いを浮かべて、「共通点をでっちあげるために、役所の人間は、ありもしない経歴を言う」などと言う。対象者との距離を縮めるためにそのような稚拙な嘘をついたと思われたのである。

郷里には、彼の老父がいる。結婚歴のない彼にとって、唯一の身寄りである。郷里に帰ることになれば、帰住援護として乗車券を支給することができるし、かの地を管轄する保護観察所の協力も得ら

(注3) 更生保護事業法第2条2項に定める継続保護事業を行う施設のことで、適当な居住先のない保護観察対象者等を宿泊させ、アドバイスや就労援助を行い、自立の手助けを行う。東京には、20施設がある。

れる。だが、彼の父親に連絡を取って援助を求めるつもりであることや、郷里である西日本の町まで電車を乗り継いで行く交通経路の説明をするうち、彼はみるみる不機嫌になった。「帰るんだったら飛行機だ。土産しこたま持ってな。でなけりゃ帰れん」。

取りつく島もなく、こうして、目論んでいた帰住調整はあえなく不発に終わってしまった。思うに、彼にとって故郷とは錦を飾るものであって、空っぽの懐のまま、国の帰住援護で認められた最低運賃の電車を乗り継いでいくところではないのだろう。凱旋して帰るものであって、負け犬となって敗退する場所ではないのだ。都会での路上生活より帰郷の方が惨めなのである。寝場所の陣取りや手配師が提供するわずかな仕事の争奪等、路上生活者の生活場面における生存競争は確かに厳しい。だが、彼は、コンビニやパン屋の賞味期限の切れた弁当やパンを食べる食生活そのものより、そうした自分が何もかも失ったまま元の社会に戻ることの方が恥ずかしいと言う。自分はホームレスの姿はしているが、根っからのホームレスではない、これは「仮の姿」なのだと言う。

住む場所も仕事もない多くのホームレスの人々は、社会の中で期待される役割もない、なすべきことを機軸として規則的に繰り返される時間の感覚が麻痺し、本名で呼び呼ばれる人間関係が喪失する。こうして、自らの歴史を踏まえた「私であること」のアイデンティティが稀薄になっていくのかもしれない。かといって、誰もが路上生活に馴染み、場合によってはホームレス同士の助けたり助けられたりする相互扶助の関係やコミュニティの中で、新しいアイデンティティを獲得していくわけでもない。

内なるアイデンティティは、かつての「勤め人」のそれであり、しかし、彼の言う「仮の姿」は、汚いとか、臭いとか、得体の知れないと形容されるホームレスのそれである。彼が望む形では故郷に帰れる状態にない。勤労の習慣や安定した住居、家族や友人への愛着といった一般社会の価値観を持ち続けたまま路上生活を続けることは苦しいことにちがいない。

3、おわりに

さて、彼が、逮捕されたのは、それから1カ月後であった。ねぐらにしていた公園横の事務所に入り込み、その冷蔵庫から缶ビールを1本盗んだのである。かつて、彼が「夜、電気が消えた後に軒下にダンボールを敷く」と言っていた事務所である。そして、日比谷公園で、「最近、事務所の敷地を鎖で囲まれた。自分を追い出しにかかっているんだ」と憤然としていたことを思い出した。自分は、「迷惑をかけないように」行動しているつもりなのにと。

裁判での彼は寡黙だった。裁判官の罪状認否にも、「保護観察による援助を拒否し再犯に至った」、「逮捕時に罪を軽くしようと国立大学卒と学歴を詐称した」という検察官の断罪の主張にもわずかに頷くのみだった。

S会への入所の斡旋も帰郷の手筈を整えることも、それ自体は保護観察処遇の中で通常実施される手法の選択肢である。だが、一旦社会の中の位置を喪失し、存在を消失させた彼にとって、性急に元の場所に戻そうとすることは、的はずれなものだったに違いない。外形的に「元のさやに収める」ことは真の意味の修復作業であるわけはないのである。

執行猶予中の再犯で、今回は実刑を免れないだろう。刑務所に収容されることで、彼は一時的に社会から排除される。そして、再び社会に帰ってくるときには、前科の付加や社会生活の空白、身寄りとの音信不通など、更に多くのものを失っているかもしれない。しかし、人はどのような形であれ、社会の中で生きていかざるを得ない。彼らに伴走するためには、やみくもに外形的な行動変容を求めることなく、その心情を理解し、その言葉や行動を支配している価値観の揺れや迷いに敏感であらねばならない。そして、路上生活の価値観と一般社会の価値観の齟齬の中で彼らが感じるであろう痛みを吟味した上で、本人を持ちこたえさせたいと思う。

少年非行の変化

妹尾栄一

1、はじめに

これまで少年非行（行為障害）に関して、数多くの論文が発表され、精神医学以外にも心理学、社会学、社会福祉、法律学など方法論的にも多岐にわたる。大別すると個体要因としての精神病理を強調した報告では、多動傾向、学習障害（特に読字困難）、妄想様観念、脳波異常、精神病レベルへの退行など様々な障害が指摘されている。家族・環境要因については、幼児期からの虐待、夫婦間暴力の目撃など暴力的な家族環境、親世代のアルコール・薬物乱用などが指摘されている。しかし、こうした要因はあくまでも行為障害全般の促進因子であり、しばしば、操作的に「行為障害」を診断した場合、症候群としての妥当性が常に問題視されている。行為障害の事例を仮に「殺人」に絞り込んだ場合でも尚、個体の特性はかなり広範で異質な集団である。

2、少年非行の動向―東京少年鑑別所データから

少年非行の動向を、東京少年鑑別所の年報資料を基にグラフ化したのが、図1から図4である。確かに、犯罪非行類型の中で「傷害（図2）」と「恐喝（図3）」は、同鑑別所のデータに依拠する限り、少なくともこの5年間では増加傾向にある。またグラフ化していないが、「恐喝」「窃盗」など財産犯の類型でも過去5年間では増加しつつある。本論の課題は20年間の社会文化的変動が少年非行（の変貌）に与えた影響を論ずることにあるが、少年非行の内容自体がある意味で急速に変貌しているために、現象をどのようなタイムスパンで切り取って論じるかによって、意味づけ自体も異なってくる。少年非行の問題を論じるときに、見落とされがちな側面として、性差の問題がある。先に犯罪学的な類型に従って、最近の動向を述べたが、じつは一連の粗暴化傾向はすべて男子（非行少年）における

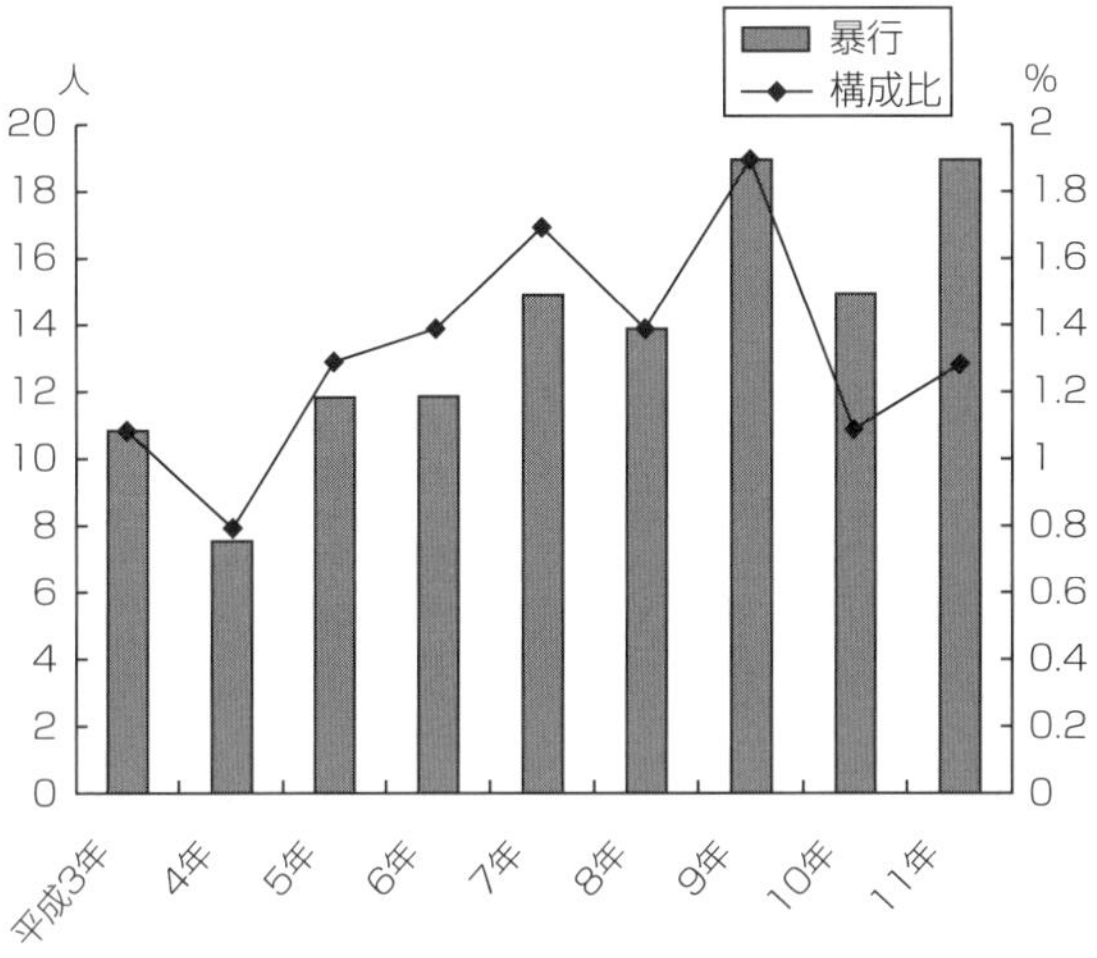

図1　暴行（男子）

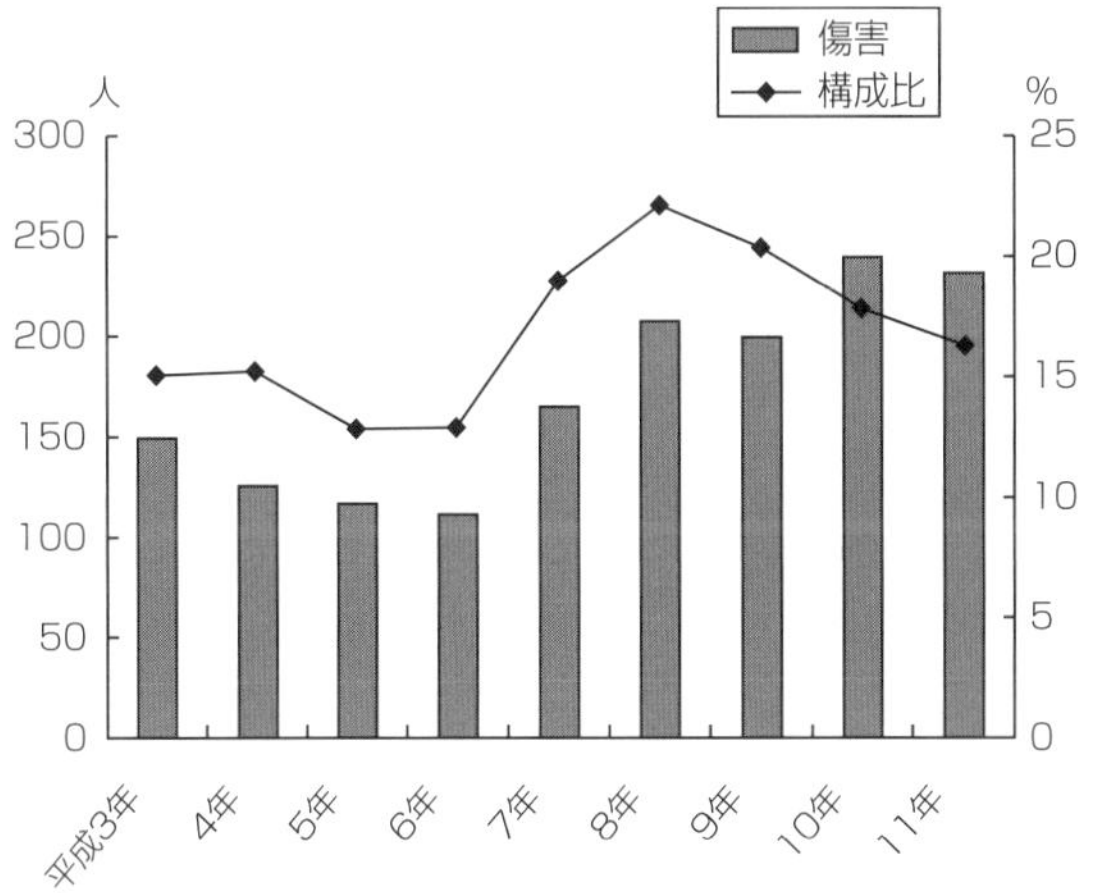

図2　傷害（男子）

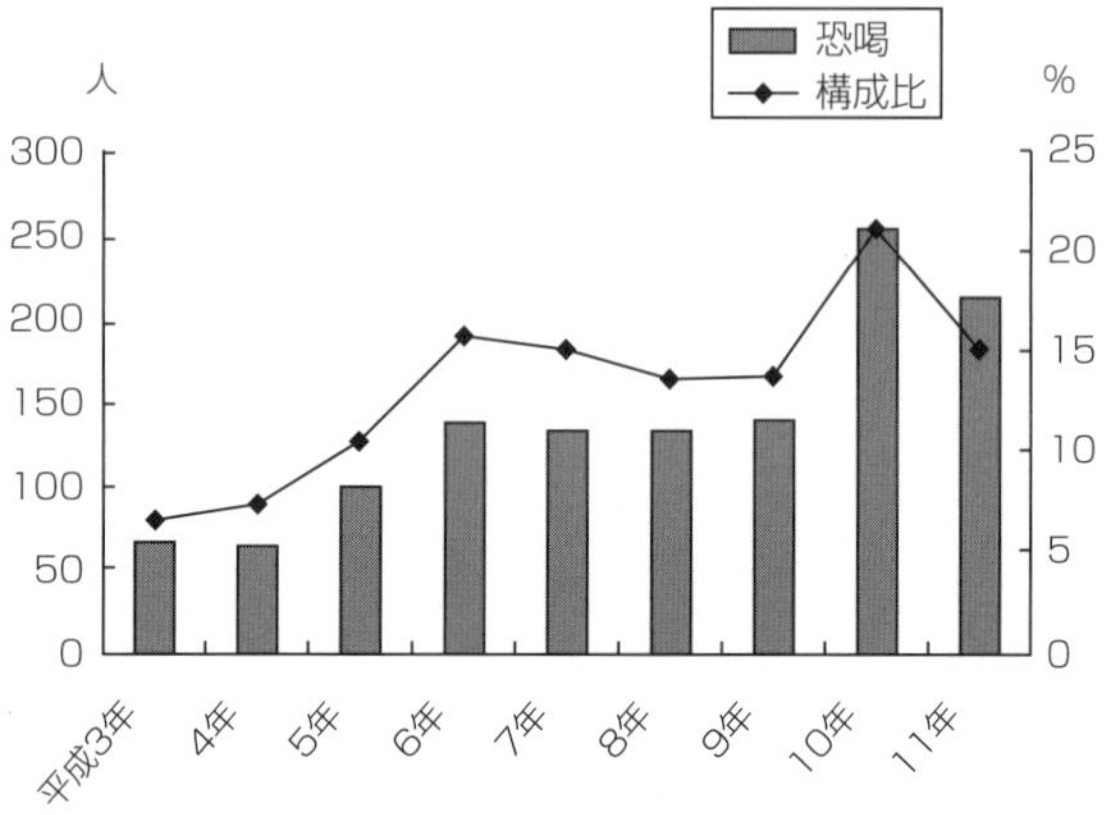

図 3　恐喝（男子）

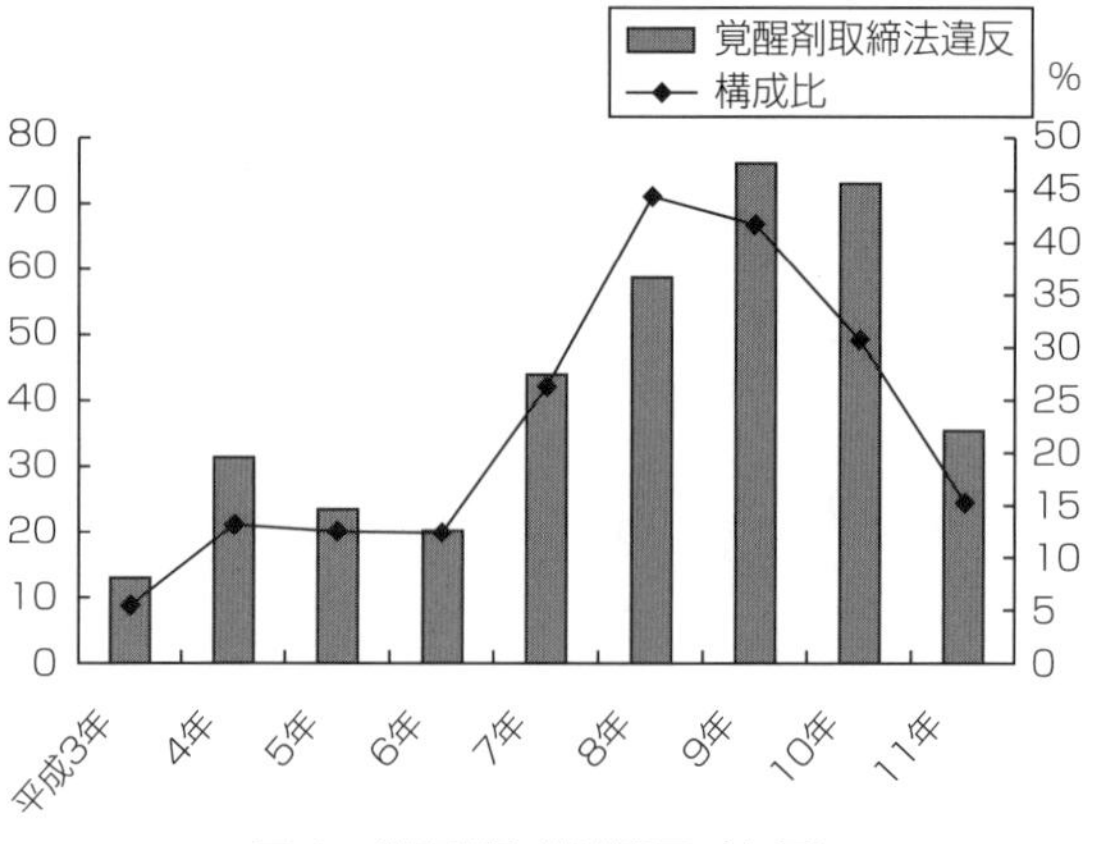

図 4　覚醒剤取締法違反（女子）

顕著な傾向であり、女子非行少年では、「傷害」「恐喝」で過去2年間の若干の増加傾向は認めるものの、「強盗」では変化を認めないし、財産犯全体でも増加していない。対照的に、女子非行少年で、近年著しく増加している類型が「覚醒剤取締法」の違反者（図4）である。例えば、平成3年のデータでは「毒物劇物取締法」の違反者が69人（25％）「覚醒剤取締法」違反者13人（4・7％）であったが、平成10年では23人（9・8％）と73人（31％）へと変化している。

3、少年非行のモデル的理解

ここで予め認識しておくべき点は、少年全般がおかれている社会的環境要因、例えば学歴社会、小子化、社会体験の希薄化などを、少年非行の変化や先鋭化の原因として想定することは、一見納得しやすい理屈ではあるが、逆に特異性はほとんど期待できない。非行の予防を論じた文献では、「全般的予防対策」と「標的を絞った予防対策」とが必ず分かれて記述されている。前者のメリットとしては、特定の少年や家族へマイナスのラベリングを行わないで済むこと、予防の専門的実践家に余計な圧力をかけないで済むことなどが挙げられるものの、逆に実効性を高めようとすると莫大なコストを要する。後者のメリットとしては、絞り込まれた対象に集中した持続的な訓練を施すことができる点と、対象の特質を見極めて訓練・教育の内容と合致させる点にある。[21] 少年非行（アメリカ精神医学会診断統計マニュアル：DSMの診断体系に従えば行為障害）を、疾病学的にどのように位置づけるべきか、成因論的な議論も、現段階では一致を見ていない。しかし、成因論の究明は保留するとしても、行為障害についての多面的な側面をまず理解しておくことが、その変貌について新たに解釈しなおす重要な前提条件となる。以下にS・I・パイファー[19]の総説を参考にしつつ、行為障害のモデル的理解について、知見をまとめる。

（1）家族成因モデル

種々の家族要因と行為障害の関連を示唆する知見は従来から有力で、非常に多くの研究がなされている。主な要因としては、親の養育態度の基本原理が機能不全を来している場合、具体的には「敵意」「甘やかし」「監護の放棄」「一定しない限界設定」などが代表的である。[9] 近年ではさらに研究の手法も洗練され、例えば「母親の抑うつ」と「婚姻関係の不和」とが結びついたときに、行為障害の発生頻度が上昇する。[3] 第1に抑うつ的な母親が、より批判的で、非難がましく、他の家族メンバーとの間の交流が嫌悪的であることが確認されている。さらに婚姻関係の不全は、親が安定した、安心できる、受容的な養育環境をはぐくむ能力を損なってしまう[28]。このような負の要因が結合することで、行為障害の発生頻度が一層増加する。家族／親成因説を支持するもう1つの根拠として、非行少年の親を対象とする「子育てトレイニング」や「親のための認知行動療法プログラム」[注]に参加した家族では、結果として子どもの犯行性や攻撃性も軽減し、学校社会への適応性も増すと言われる[10]。この様な臨床経験を踏まえると、行為障害の家族成因説は現在でも尚、有力な仮説である[18]。

(2)　認知・情報処理モデル

発達心理学的な立場から研究されている第2のモデルは、「認知・情報処理モデル」と総称され、過剰に攻撃的な若者では、敵意の意図を過剰に認知する傾向にあり、彼らの防衛的な態度の結果として、相手から攻撃性を引き出してしまい、元来偏っていた認知把握のゆがみをいっそう加速させる。例え

(注)　認知を変え、認知プロセスを変えることで、抱えている障害を修正する治療法。ロールプレイなどが取り入れられており、認知行動療法と総称される。

ば、K・A・ドッジ[6]が提唱する「社会的情報処理理論」によれば、他者の行為に対して敵意をむける彼らの特性は、予言の自己成就をもたらすことになる。即ち、偏った特性が攻撃的な反応を引き出してしまい、その結果仲間からの拒絶や大人からの叱責を呼び起こす。こうした反応が、本人に跳ね返って、感情的な導火線に火をつけて、さらなる仕返し的な行動を呼び覚まし、世間を敵意に満ちた環境であると見なす世界観を、動かそうとする如何なる動きにも絶縁する働きがある。

(3) 生物学モデル

攻撃性のメカニズムと、生物学的要因を関連させるいくつもの仮説が提起されている。その中でも1980年代以降脚光を浴びているのがJ・A・グレイ[8]が提唱する、行動学的活性化システム（BAS）の過剰活性化と、それと相補的な関係にある行動学的抑制システムの欠陥の、生物行動学的2要因モデルである。しかし現時点では、脳の局在的機能不全が行為障害のリスクを増加させるという意味で、の仮説を裏づける証拠は見いだされていない。

行為障害の家族成因モデルで明らかにしたように、未成年者の攻撃性や暴力性の発動に影響する社会文化的な要因は、家族関係の機能不全であり、例えば、G・R・パターソン[18]は、家族内での強制と強制への対抗が幼児期早期から中期にかけて循環的に発生することが、後に青年期早期になってからの反社会的行動に結びつくと論じている。また、児童虐待や養育放棄（の被害）と、後年の暴力犯罪との関連も指摘されている。例えば、ロナーによれば親から拒絶され、虐待や放置に遭遇した子どもや青年は、受容された子どもよりも、敵意や攻撃性を示しやすいと論じている。このように、家族環境の変化をメルクマールに行為障害を論じる文献は、諸外国からは相次いでいるものの、日本からは、標準化された家族環境スケールを非行少年に適用した文献、特に家族環境要因の経時的変化と少年非行の動態を関連づけた調査は筆者の知る限り見あたらない。

4、少年による殺人と暴力的空想

「性非行」や「暴走族」など、少年非行の各類型ごとに経年的変化をたどって概説することは、論理構成上は不可欠であるが、あまりに論点が多岐にわたり、議論が拡散しすぎてしまうため、本論では「少年による殺人」の問題に限定して内外の知見を整理する。「少年非行の凶悪化」の実例としてしばしば注目される、「少年による殺人」は神戸市須磨区での連続殺傷事件など、確かに質的な変化を示唆してはいるものの、近年の社会文化的変動とどの様に関連するかは、この傾向が我が国固有の現象なのかを含めて実証的な知見はない。

未成年者の殺人犯すべてを包括する共通した素因や環境因は見いだされておらず、グループによる犯行から、他の犯罪を遂行する過程で副次的に発生する殺人まで、事例の特性はかなり異質である。W・C・メイヤー(15、16)は、性犯罪ならびに性的殺人の事例全例ではないにせよ、その大半でその基底に、空想が絡んでいると分析している。具体的には、犯罪者が被害者に対して優越したい、陵辱したい、苦痛を与えたいとの犯罪者の側での要求から生じてくる加虐的な空想が、しばしば確認され進展していく。そうした空想が次第に発展して、心理的な雛形となり、犯罪遂行にあたって誘導的な役割を果たす。空想が萌芽する時期は、10代の初期や中期であることも稀ではないし、場合によっては小児期でも生じる。

本調査の対象のうち、暴力的で性的な空想の有無に肯定回答したのは半数の6名であった。呈示されている事例はいずれも少年殺人を考察する上で示唆に富んでいるので、詳しく紹介する。ある対象者は、空想的なゲーム「ダンジオンとドラゴン」を通じて性的殺人者に変身していったという。彼が見た暴力的夢の中で、女性たちを突き刺しつつ彼女たちと性交を行っていた。その他の夢として、いかなる性的活動も伴わないで、人々をナイフで傷つけていた。犯行の数週間前に、血にまみれそうだと自覚したという。逮捕後に、彼は剣を用いて人々を殺傷する白昼夢を見るようになった。

解離傾向と殺人行為の間に強い結びつきを示した症例について、B・S・アダムらが呈示している[1]ので、詳しく紹介する。14歳で殺人を犯した少年ウィリアム（仮名）は、戦闘を体験するコンピューターゲーム「ダンジオンとドラゴン」に友人と熱中しており、常に「バーサーカー」の役割を選択していた。殺傷行為自体もこのゲームの戦闘スタイルを真似ており、母と妹と祖母が殺され、弟が負傷した。犯行行為について少年は、乾いた態度で語り「ただやっただけだ。ある時ある考えをただ思いついただけだ。すべての音はかき消され、物事が異なって見えた」と供述している。「ダンジオンとドラゴン」が治療場面で有害な作用を及ぼした事例は、L・I・アッシャーマン[2]も報告しており、それによると、自己愛的かつ分裂病型人格障害の患者たちに、不適応的な性格スタイルの強化が明らかに生じるとしている。具体的な事例として、被害関係念慮が増悪し、病棟スタッフに対して「他者からの攻撃から自分のことを守ってくれる」ように依頼してきた患者や、ゲーム内容に関連した残虐な空想に共感して大喜びしてしまった事例が相次いでいる。アッシャーマンは最も深刻な事例として、2名の反社会的な傾向を有する境界例の患者2人が、夜勤帯の病棟スタッフに攻撃を仕掛けたケースを報告しており、彼らは後日「もし病棟スタッフを無力化できれば、病棟内で最も弱い患者を殺害し、逃走しようと思っていた」とその意図を語っている。この攻撃は、ゲームの緊張がピークに達した瞬間に発生していることから、ゲームの空想的シナリオとは直接関係ないとしても、暴力、包囲攻撃、防衛などゲームによってなされた雰囲気と親和性があると解釈している。この事件は、メニンガークリニック思春期病棟の部長が交代する時期に起きており、患者側に生じた怒りや見捨てられ感情なども、攻撃性に影響していると分析している。論文には後任部長として着任したアッシャーマンが、同ゲームの使用を禁止する措置を講じたこと、それに対して患者からもスタッフからも感情的反対論や折衷案が呈示されたこと、時間の経過とともに伝統的なボードゲームが人気を取り戻し、精神療法場面で葛藤性が解決されるように、病棟の雰囲気が変化していった経過も詳しく紹介されている。

成人の性的犯罪者については、既にD・J・ウェスト[29]が事例報告の中で、「ほとんど強迫的に性的な空想に耽溺していることも稀ではない」と述べており、R・P・ブリテン[4]もまた嗜虐的殺人者について「犯罪者は嗜虐的な状況を想像し、空想が行動化される過程で殺人が実行される」と分析している。若年に限定せずに、嗜虐的空想と嗜虐的行為、犯罪との関係を、症例をもとに詳しく論じたのが、

M・J・マカロックらである（ただし対象は若年に限定されない）。マカロックらの考察でも、空想の内容が如何に拡大され、その結果、犯行に及ぶまでの間に、覚醒系と快感を維持し続けるのに役立っている。

しかし正常人であっても、性的空想を抱くことが確認されており、空想から殺人へと行動化を生じさせている要因は何か、という疑問が生じる。また空想から犯罪への行動化は、いかなる過程をたどって生じるのであろうか。マカロックらの説明を要約すると、大半の患者は幼児期から対人関係を築くことに困難を覚えており、とりわけ思春期に達してから、対象との間に適切な接近をとることが不可能ゆえに、交際相手と性的な関係を結ぶことが困難となる。社交上の、または性的な関係を結ぶことへの失敗体験は、全サディストの抱えている不全感や自己主張の欠如の原因として、少なくとも部分的には影響している。そして、現実世界の中では事態をコントロールできない「不可能性」ゆえに、彼らがファンタジーを用いて内的世界をコントロールしようと試みること、さらにはそうした方法を用いることで彼らが現実世界で実現したかった願望を成就させている。[12]

マカロックらは、以上述べたような文脈で、空想上の制御の成功や世界内での優越性などは、行動科学の領域で概念化されている「オペラント」条件づけに相当すると、行動科学的な立場から解釈している。その際、個々人にとって、空想の中に生きることの方がより快適に、より容易になる。また、性的覚醒と嗜虐的空想とが結合すれば、古典的な条件づけの理論枠組みで、空想内容の明確化が生じていると理解できる。ひとたび空想の行動化を禁止している「制約」がはずれてしまえば、個人は空想的な内容を「再現」すべく、次第により正確に「リハーサル」することに没頭し始める。マカロックらの論考を、神戸児童殺人に当てはめると、猫の頭部首切断「リハーサル」がこれに該当する。

R・A・プレンキーら[20]もまた、性的嗜虐性や性的殺人に果たす「空想」の役割について、検証しており、性的殺人一般に与える影響もさることながら、特に「多重（連続）殺人者」にこの影響が有意に大きく、ハイリスクな空想が様々に行動化して発現しやすいと論じている。とりわけ、動物への極端な残虐性の既往に代表される、他の重要な既往歴を併せ持つある種のパラフィリアの場合、嗜虐的な空想をリハーサルしてみせるという意味で、暴力の出現はより確実となる。

5、解離傾向と殺人衝動

神戸市須磨区の連続殺傷事件やバスジャックによる殺傷事件の加害少年に共通するのは、自己が著しく嗜虐的な空想によって満たされている、ないしは圧倒されている点にある。巷間言われているのは、ある漫画のストーリーが犯行声明の内容に反映しているのではないかといった、サブカルチャー論的な分析である。しかし、両方の犯人ともに、重大な犯行に及ぶ前に、非行少年としての逮捕・補導歴は顕著ではなく、むしろ周囲がその突発性に驚嘆している。行為障害の成因として指摘した、「認知情報処理理論」に立脚すれば、他者に対する復讐・報復を広義に解釈すれば、従来の解釈の図式にあてはまるものの、彼らが攻撃を受けたと感じる「他者」が、マスメディアを通じた、あるいはインターネット上のチャットルームを通じた、相互交渉の中で認知されている。バスジャック犯人の場合、チャットルームで嘲笑され、その結果猛烈な復讐の衝動に支配されることになる。ある時期までは、彼の周囲の具体的な人間関係、例えば出身中学でのいじめられ体験への復讐として、学校を舞台とする犯行を考えていたが、同じころ発生した同世代少年による殺傷事件に直接触発され、「学校への復讐」から「大人社会全般への復讐」へと対象が急激にエスカレートしている。[7] 須磨区の少年の場合にも、自己をヒーローとして絶対視する犯行声明を発表しているが、これも認知情報処理過程論に基づくならば、「世間を敵意に満ちた存在」と位置づけ、それへの復讐並びに自己顕示を目的とした内容となっている。

社会学者の大澤真幸[17]は、戦後1970年代までは、欠如の自覚やそれへの不満を基盤に「理想」対「欠如」の図式が明白であったと総括している。対照的に'70年代以降を総括すれば、「欠如の不在」となり、さらに'90年代に入って「欠如の自覚」を覚え始める。この3番目の段階では、お金や社会主義のような来るべき理想の社会などは欠如しておらず、「何も欠如していない点に欠如感を覚える」ある意味で矛盾した感覚である。さらに斎藤環[23]は、大澤の論考を引用しつつ、'90年代の特徴を「現代社会＝解離型社会」として捉え、人々の欲望が幻想を介して「欠如のリアリティ」そのものへ向けられる点を指摘している。

大澤や斎藤による分析の枠組みを、少年による殺人事件の犯人に妥当するかどうか、見解が分かれるであろうが、加害少年にはいずれも「欠如感」を認めるのであり、概ね学校に対する不満に集約されている。但し、学校への不満や他者からの被害感を、虞犯や傷害恐喝、校内暴力といった従来の非行少年に認められる反社会的行為として「行動化」していない点、換言すれば個体内部で嗜虐的な空想を肥大化させ、最後に極点まで達した空想を実行化している点に特徴がある。

斎藤は境界例に特異的な「行動化（アクティングアウト）」の防衛機制と対照的な、「アクティングイン」の機制を提唱している。その定義としては、主体が行為によって示されず、むしろ行為が主体を内破してしまうような事態、行為が遡行的に、主体を空虚なものとして表示してしまう現象として捉えている。おそらく詳細に検討すれば、各事例ともに「アクティング アウト」を積み重ねた後に「アクティング イン」へ移行しているのであろうが、事前の補導歴や少年鑑別所の入所歴もなく、少なくとも従来の重大犯罪を犯す非行少年の行動化のパターンとは異質である。斎藤は「アクティング イン」の特徴として、無根拠にキレることができるほど、自分を際限なくたかめてゆく「リアルな幻想」性を指摘しているが、主体を内破し、主体を空虚なものと表示したのは、ほかならぬ嗜虐的な空想性であったとも言える。

学校でのいじめられ体験を契機に発症した精神障害について、立花正一[27]は25症例を4群に分類して考察している。対象は1978年から1988年の10年間をかけて収集されている。その4群とは①幻覚妄想、②ひきこもり、③空想逃避、④身体症状の各類型である。拙論との関係で重要なのは第3の「空想逃避群」であり、示唆に富む内容なので、少し詳しく引用する。同群の特徴として立花は、いじめを契機に登校拒否、ひきこもりとなるが、それに加えて宇宙人、人形、芸能人などに関する豊かな空想を形成し、その中で自己の要求を満足させている点を指摘する。空想以外の症状として、イライラ、自傷行為、万引き、家庭内暴力など、精神的な不安・葛藤を行動化する傾向がみられる。また対人関係を思うままに操作しようとする傾向があり、患者の話に激怒した親が学校に怒鳴り込んだり、親が教師とけんかしたりなど、冷静さを欠くケースが目立つ。この様な傾向の背景に、性格上の問題が浮かび上がっており、自己像に関する同一性障害、投射性同一視、対象分裂、魔術的思考、行動化など、境界性人格障害の特徴を認める者や、自己顕示性や虚言癖、万引き傾向などの問題点が認められる。さらに、自分で作り上げた空想世界に逃避しているうちは、一時的な精神の安定を図れるが、この防衛機制がうまく働かないと、自殺企図や暴力、問題行動などを引き起こす、いわゆる行動化を選ぶ。

立花が症例をまとめた時点から、さらに10余年が経過しているが、最近の青年の問題行動の視点から、相違点を吟味してみると、かつては「空想内容」が精神の安定化に寄与していたのに対して、最近では自ら肥大化させた攻撃的な空想内容に直接引きずられる形で、いわば自己顕示的かつ残忍な攻撃行動まで、発展する点に特徴がある。その点では、病的自己愛と殺人衝動の関連を示唆する犯行である(11)。斎藤の論考では、立花が症例をまとめた１９８０年代を「境界例」の時代とし、対照的に１９９０年代を「解離型社会」と総括しており、青年の逸脱行動の変貌と軌を一にしている。

6、未成年者による殺人――治療か刑罰か

殺人を犯した未成年者の研究は、過去40年以上に渡り精力的に行われている。[13、14、24、25、26] 例えばD・G・コーネルら[5]は72人の未成年殺人者を類型化し、「犯罪型」「葛藤型」「精神病型」に分類している。当時１９８０年代後半に、ミシガン州を始め全米各州で未成年者を成人の裁判システムに移送する〈正確には少年裁判所の管轄権を放棄〈ウェイバー〉し、成人裁判所に移送〈トランスファー〉する〉制度改正が図られた。この場合、未成年者へのウェイバー基準として共通して認定されているのは、心理学的な適応性や治療へのなじみ易さを考慮すべきであるとされる。コーネルらの類型化との関わりでは、「犯罪型」の青年は、心理的不適応度が高いか反社会的傾向性が高いかのいずれかで、なおかつ治療へのなじみ易さに欠ける点が、最も特徴的であるとされる。したがって、この群が成人裁判所への「ウェイバー」適応の要件を備えていると見なされる。

対照的に、葛藤型の青年は、心理的適応度は良好で、治療へのなじみ易さも高く、この様な特徴は、少年裁判所にとどめての処分が妥当とされる。ここで問題になるのが、第３類型即ち「精神障害」群

であるが、コーネルらは彼らが精神科施設での治療を最も必要としていることや、精神異常抗弁の適応性などを強調している。「ウェイバー」の制度は、英米法に固有の法律用語ではあるが、日本の少年司法の制度に当てはめれば、いわゆる「逆送」がこれに該当するし、当時の合衆国での制度改革こそ「厳罰化」の先行モデルとして今日ホットな議論の的となっている。筆者はくしくも国会での少年法改正の審議経過とあたかも併走するように、本論を執筆した（2000年12月）。日本における青年自身による逸脱行動の変貌や、それを促進した社会文化的要因を踏まえた、適切かつ妥当な「ウェイバー」の議論がまさに必要とされている。

地域で犯罪から子ども達を守るために

中村　攻

はじめに

子どもと犯罪の問題を論じる場合、2つの視点からの検討が必要である。1つは、犯罪の加害者として子どもが登場する場合であり、もう1つは犯罪の被害者として子どもが登場する場合である。この2つの視点においてそれぞれに検討すべき課題は異なるし、その基底部分においては共通する課題も存在する。

1、子どもを犯罪に駆り立てる地域環境

多くの子どもは、もともと犯罪者としてこの世に生を賜った者ではない。誕生後の生育環境のなかで犯罪の加害者へと屈曲したものである。子どもをして犯罪者へと屈曲させる生育環境とは何か？地域環境の面から、いくつかの論点を取り上げることにする。子どもの生育環境には、地域の他に家庭や学校が存在する。広義には、これらの全体を包含して地域という場合も存在するが、ここではこれらと区分された狭義の地域を対象とする。子どもの生活のなかで、地域が家庭や学校と異なる点は何であろうか？　まず、生活行為の面からみれば、学校が勉強、家庭が生活の基本的躾け（衣食住を中心）にあるのに比べて地域は遊びである。人間関係の面からみれば、学校や家庭が先生や親といった対大人を基軸にしたものであるのに比べて地域は大人が介在しない子ども相互の関係を基軸としている。即ち、子ども達にとって地域とは、友達同士で遊ぶための空間なのである。『友達同士で遊ぶ』という行為のなかには、子どもの生育環境としては学校や家庭では体得できない重要ないくつかの要素が存在する。まず、生活行為としての『遊び』が持つ特徴は、他の行為が教わるという受動的な行

為であるのと異なって子ども自身がやりたいからやるという自発的能動的な行為である。子どもは遊びを介して、自己の内発的な要求に対して自己の心身を動かし、自己を鍛えていくのである。人間関係としての『子ども同士』が持つ特徴はどこにあるか？　学校や家庭が先生や親といった対大人が基軸となる関係と異なり、子ども同士の関係は、子ども達にとっては極めて厳しい自治的社会的なものである。大人の保護が直接的には介在しない関係である。

子どもの生育環境としての地域は、子どもが自発的能動的な能力を養い、来るべき大人社会への参画に向けて自治的社会的な人間関係を養っていく基本空間なのである。この地域が持つ役割は、学校や家庭では代替できるものではない。唯一、地域をそうしたものに充実させることによって保障されるものである。

1つめの視点から、子どもと犯罪を論じる場合、地域環境が持つ、子どもの生育環境のなかでのこうした特徴を十分にふまえることが必要である。子どもは、子ども同士が腹一杯に遊ぶということによって健全な心身を発達させることができるのである。子どもが加害者となる犯罪の多発化は、こうした視点の地域環境に大きい問題が発生していることに起因しているのである。子ども同士が群れて遊ぶという姿を想定（残念ながらそうした姿は現実には殆ど存在しなくなった）した時に、どんな問題が存在するのであろうか？　こうした遊びの前提には、第1に遊び時間、第2に遊び仲間、第3に遊び空間が必要とされている。このそれぞれの前提に大きな問題が存在する現実がある。

遊び時間は十分に確保されているであろうか？　放課後の子どもの遊び時間を大きく侵食しているのが学習塾である。学校でも先生に勉強を教わり、放課後も塾で先生に勉強を教わる生活が、日本の子ども達に満延している。遊び時間は塾の前後に小間切れにされ圧殺されている。子ども達に遊ぶ権利を学習する権利と同等に保障している欧米の先進国では、学習塾など存在しない。その一方で、学校は1クラス20人～30人前後であり、公教育の環境は比較にならない。学校の授業がわからないから塾に行くといった理解され難い状況は想像できない。子どもの生活は教わる生活で一色に塗りつぶされているだけではない。1中学校から100前後の高校にふるい分けられる偏差値が横行し、子ども達は過酷ともいえる競争社会に掻き立てられている。こうしたなかで子ども達の意識は、異様なまでに勉強に偏向し、過度な競争心理が助長され、子どもらしい健全な発展が阻害されている。こうした環境に耐えて頑張る子ども達も不幸であるが、こうした環境に耐えられない子ども達は、社会の落伍者として苦しみ、時として社会への反発から犯罪者へと転落していく。学校教育が『解らない事が解っていく喜び』を体感でき、誰もが基礎学力を獲得できる場として充実し、放課後は子ども達を地域に返してあげられる教育環境の充実なくして子どもを犯罪の加害者から救うことはできない。

遊び仲間は存在するのだろうか？　小間切れにされた遊び時間のもとでは、群れて遊ぶ仲間集団など成り立つわけがない。加えて、遊びの主流になっているパソコン（テレビ）ゲームは、子ども達を1人ひとりバラバラにしてしまった。子どもの遊びの前提になるべき集団性を壊してしまった。そもそも、子どもの遊びに何万円も必要とする遊びなど、遊びを介した子どもの発達を視野に入れたものではない。さもしい大人達が金儲けの対象に子どもの遊びすら取り込んでしまった痛ましい社会の象徴である。狡猾な大人達の手玉に取られてしまった哀れな姿こそ、ファミコンゲームに熱中する子ども達の姿である。子ども達をこうした状況から救い出すためには、大人達の地域コミュニティーの再生・活性化が不可欠である。何かにつけて地域で大人達が群れて生活を楽しむことが、子ども達の生活集団の前提である。子ども会、ＰＴＡ、自治会（町会）等の地域組織の民主的運営に興味を示す勇気が必要である。時には、任意の有志を募って必要な地域組織を立ちあげていくのもよい。地域で群れて遊ぶことなくして、自治的で社会的な人間関係を結ぶ喜びや能力を子どもは確保できないのである。当然のこととして自他の境界線など自覚する能力も育たないのである。地域集団を失った子ども達の向こうには地域を失った大人達がいる。自他の境界線を失った子ども達の向こうには自他の境界線も失いつつある大人達がいるのである。

遊び空間はどうなっているのであろうか？　遊びが子どもの人格の形成に重要な役割を果たすということは、遊びにも人格の形成を促すような内容が求められるということでもある。その点で求められる遊びの性格の1つが原体験の必要性である。人間生活の全局面で事物の抽象化が進むなかで、その一方の対極として具体的体験が保障されていく必要があり、それを担保していくのが生活の生きた原体験である。原体験のなかでもとりわけ重視したい事項の1つは、自然との生きた接触である。子どもの遊び空間のなかで、日常的に接する水や土や植物や動物といった自然との間での原体験ができる空間が必要である。こうした自然との接触は、子ども達に自然の脅威と優しさを教え、自然の未知と限りなき好奇心を駆り立て、時には心を奪い立たせ、時には心をこよなく癒してくれる。こうしたことは知識が先行して得られるものではなく、生きた原体験からしか得られないものである。子ども達の地域空間には、こうした自然との生きた接触のできる物が必要である。地域地域の特徴に合わせてこうした自然空間の確保には最大限の努力が求められる時代なのである。群れて遊ぶには、遊び空間に一定のスケール（規模）も必要である。特に小学生も高学年になってくるとそのことが求められてくる。学校の校庭や社寺の境内、残存林地や河川敷等の子ども達への開放に積極的に取り組む必要がある。こうした空き地が不十分な地域では、道路を子ども達に開放していく努力も必要である。生活道路の隅々にまで自動車が侵入している状況には改善が必要である。午後の子ども達が地域に出てくる時間帯には、思い切って自動車の侵入を防止する施策がもっと広く検討されてよい。空き家や空き地等の小さい空間も公園・広場づくりの対象として行政に借り上げや買取り策を積極的に求めていくのも必要である。

この他にも、遊び空間の安全対策も緊急度を強めている事項であるが、この項は後半部分に譲ることにする。

2、子どもを犯罪の危険から守る地域環境

子ども達が痛ましい犯罪の犠牲者になる事件が多発するようになった。かつて日本の都市は比類なき安全な都市だといわれた。そして事実欧米の都市に比べても格段に安全であった。従って、日本の都市建設は、犯罪など起こるべくもないという安全神話の上にどっぷりと浸って造られてきた。ところが、社会構造や生活様式が急激にアメリカ化してくるなかで、犯罪もまた、アメリカに類似して多

発型になってきた。こうなると、犯罪を前提に造られてこなかった日本の都市は矛盾を露呈し、極めて犯罪に脆弱な都市の出現となっている。犯罪の被害者は、社会的弱者に多く、女性や高齢者と共に子ども達が狙われている。昨今の子どもが被った主な犯罪事件を取り上げながら、主として空間を中心としたハードな側面と、地域コミュニティーを中心としたソフトな側面から、その要因と対策を検討する。

犯罪空間の主なものの1つは、公園・緑地である。神戸北須摩の事件(注1)では、地域の緑地が犯行現場の1つになっている。通称タンク山と呼ばれた緑地は、この地域の住宅地開発のなかで関係者の努力によって残された緑地である。この事件は、都市のなかで緑地は造る（残す）だけでは問題があることを教えている。かつて緑地は地域の人々によって活用され親しまれてきた。燃料としての薪を手に入れる空間であり、田畑や鉢物の肥料を手に入れる空間であり、春や秋には野草や木の実を求める空間でもあった。小鳥をはじめ小動物を追い求め学校でも遠足に出かける空間でもあった。緑地は単に空間として存在したのではなく、地域の人々の生活と深く関わって存在していた。地域の人々の生活との関わりを失い、ただ緑地としてのみ存在する空間は、子ども達には大変危険である。地域の自然と関わって楽しむ生活の再生なくして、緑地は貴重な都市空間としての機能を発揮することはできない。公園も危険である。北須磨の別の一件では、公園で声をかけて連れ出されているし、東京の宮崎事件（注2）でも公園が重要な役割を演じている。公園は子ども達にとって極めて重要な地域空間ではあるが、ここで多くの犯罪が発生している。地域の公園で犯罪のない安全な公園は例外的である。それくらい公園は危険である。これは、公園の造り方に問題が多いからである。ほとんどの公園は、犯罪の発生など全く考慮せずに造られている。集合住宅の裏側で日照の関係で建物が建てられない空間に駐車場等と一緒に造られた広場では必ずといってよい程に子どもが犯罪の危険に遭っている。大規模な集合住宅の中央部に造られた公園も危険である。この公園から見上げる各戸はベランダにもしっかりと目隠しをし人影は見られない。あまりに多くの人々を1カ所に集めて住まわせると人々は極端にプライバシーを求めてくるのである。誰かに見られているのではないかという不安が外界との関わりを切っていくのである。戸建て住宅地の公園も危険である。京都日野小（注3）の犯人が犯行後に自転車等を捨てて

（注1）　1997年に、神戸市須磨区のニュータウン内の市立小学校の6年生男児が白昼殺害された。他に女児2名も同一犯によって殺傷された事件。

（注2）　1988年に東京をはじめ首都圏で4人の児童が殺害された事件。その後多発する子どもへの犯罪の幕開け的事件。

逃走したのもこうした公園である。公園の安全は周辺の建物や道路との関係が大切なのであるが、こうした地域では公園を先に造って、周辺の建物は地主の都合で売却されつつ時間をかけて造られていく。こうして出来た町では公園と周辺の建物とはあまり良好な関係を結べていないことが多い。周辺の建物によって迷惑施設のようになっている公園は危険である。総じてこうした公園が多く例外的にしか安全な公園は存在しない。公園は町のリビングルームである。住宅でもリビングルームを見れば家族の様子がわかる。適度に整理され生活の臭いのするリビングルームには暖かい家族関係が存在する。公園を見れば地域のコミュニティーの成熟度合がわかるものである。何かにつけて人々が集まってきて生活を楽しんでいる公園、それ故に地域の人々によって親しまれ大切にされている公園は安全である。こうした視点で地域住民を中心にした地域の公園・緑地の造り直しの活動が期待される。

学校も子ども達にとって大切ではあるが危険でもある。大阪池田小(注4)では学校が犯罪現場となって多くの児童が殺傷された。京都日野小でも放課後の校庭が犯行現場となった。神戸北須磨でも学校の正門前の通学路が犯行現場の1つになった。学校は二重の意味で危険である。1つは学校の敷地内であり、もう1つは学校周辺の通学路である。学校周辺が樹木や生垣、更にはプールや建物ですっかり目隠しされ周辺から閉鎖的になると学校の敷地内は危険である。またこうした閉鎖空間が続くと外周部の通学路も危険になる。学校は地域のなかでは大きい空間であり、その構造には安全の視点が求められている。学校は視覚的には地域に開いて子どもを守る視点を明確にしながら、通常の出入口は正門に限定し、そこで安全をきちんと確保することが必要である。こうすれば学校は安全が確保し易い空間である。学校の敷地内は犯罪に対して過敏になる必要はない。いたずらに監視や警備の網をかぶせるべきではない。安全対策はそれだけが突出しては意味をなさない。学校は楽しく自由で安全な空間でなくてはならない。正門には、監視カメラや警備員でなく校務員等の職員の配置が望ましく、地域の高齢者の参画を求めるのもよい。

この他にも商店街、団地といった危険な空間が多く散在するが紙数の関係で省略する（詳しくは文献参照）。

安全な地域環境のためには、空間面だけではなく、地域コミュニティーの再生も重要な課題である。

（注３）１９９９年に京都市立日野小学校の校庭で遊んでいた2年生の男児が、侵入してきた男性によって刺殺された事件。

（注４）２００１年に大阪教育大附属池田小学校で、主として教職員等の自動車通用門より侵入した男性によって８人の子どもが刺殺され、多くの児童教師に負傷者が出た事件。

大人は足元に地域が無くても生活できると思うようになっている。地域がどのように変化しようが直接自己に影響がない限り無関心である。ところが、子ども達は地域の学校へ行き、地域の公園で、地域の友達と生活している。子どもは地域無しでは生活できない。大人が地域に無関心な状況で、地域で生活する子ども達は危険である。こうした地域では、子ども達は犯罪の餌食である。大人は足元の地域を不要とする生活が錯覚であることを知るべきである。そうした生活では自分の子どもすら安全に育てることができないのである。大人が足元の地域に目を向け生活を楽しみ始める時、子ども達にも安全で楽しい地域が再生されていくのである。

文献

乳幼児期の母子コミュニケーションからみた両義性と両価性

（１）廣松渉、増山眞緒子『共同主観の現象学』世界書院、東京、１９８６。

（２）小林隆児「関係障害臨床からみた自閉症の発達精神病理―接近・回避動因葛藤を中心に―」『小児の精神と神経』40：１６３-１７０、２０００。

（３）小林隆児『自閉症の関係障害臨床―母と子のあいだを治療する―』ミネルヴァ書房、京都、２０００。

（４）小林隆児『自閉症と行動障害―関係障害臨床からの接近―』岩崎学術出版社、東京、２００１。

（５）鯨岡峻『原初的コミュニケーションの諸相』ミネルヴァ書房、京都、１９９７。

（６）鯨岡峻『両義性の発達心理学』ミネルヴァ書房、京都、１９９８。

（７）Richer, J. M.: Human ethology and psychiatry. In: (Ed.), van Praag. *Handbook of biological psychiatry, Vol.1.* Dekker, New York, p. 163-193, 1979.

（８）Richer, J. M.: Avoidance behavior, attachment and motivational conflict. *Early Child Development and Care*, 96; 7-18, 1993.

（９）Schore, A. N.: Attachment and the regulation of the right brain. *Attachment & Human Develop-*

ment, 2 ; 23-47, 2000.

(10) Schore, A. N. : The effects of early relational trauma on right brain development, affect regulation, and infant mental health. *Infant Mental Health Journal*, 22 ; 201-269, 2001.

(11) Schore, A. N. : *The biological substrate of the human unconscious : The early development of the right brain and its role in emotional development.* In : Developmental Perspectives, Children and Psychoanalysis, Monograph Series of the Psychoanalysis Unit of University College London and the Anna Freud Centre, Karnac, London (in press).

(12) Siegel, D. J. : *The developing mind : Toward a neurobiology of interpersonal experience.* Guilford Press, New York, 1999.

(13) Trevarthen, C. : Communication and cooperation in early infancy : A description of primary intersubjectivity. In : (Ed.), Bullowa, M. Before speech : *The beginning of interpersonal communication.* Cambridge University Press, London, p. 321-347, 1979.（鯨岡峻、鯨岡和子訳『母と子のあいだ』ミネルヴァ書房、京都、p・69-１０１、１９８９。）

(14) Trevarthen, C. & Hubley, P. : Secondary intersubjectivity : Confidence, confiders and acts of meaning in the first year. In : (Ed.), Lock, A. Action, gesture and symbol : *The emergence of language.* Academic Press, New York, p. 183-229, 1978.（鯨岡峻、鯨岡和子訳『母と子のあいだ』ミネルヴァ書房、京都、p・１０２-１６２、１９８９。）

経度発達障害のある子どもたちにおける被害体験と加害行為
——共生するために尊重されるべき異文化——

（1）藤岡淳子『非行少年の加害と被害—非行心理臨床の現場から』誠信書房、東京、p・161-206、2001。
（2）深谷和子『「いじめ世界」の子どもたち—教室の深淵』金子書房、東京、p・51-72、1996。
（3）Goodman, R, Scott, S.: Maltreatment of Children. In: *Child Psychiatry*. Blackwell Science, Oxford, p. 162, 1997.
（4）黒柳徹子『小さいときから考えてきたこと』新潮社、東京、2001。
（5）村上靖彦「思春期妄想症」清水将之、他編『神経症の周辺』医学書院、東京、p・58-83、1981。
（6）村瀬嘉代子「子どもの精神療法における治療的な展開—目標と終結」白橋宏一郎、他編『児童精神科臨床　2』星和書店、東京、p・19-56、1981。
（7）中井久夫『いじめとは何か』季刊仏教、37：16-23、1996。
（8）中釜洋子「適応と不適応」三浦香苗、他編『発達と学習の支援』新曜社、東京、p・118-123、2000。
（9）ニキ・リンコ「本書を読んで」ケネス・ホール著、野坂悦子訳『ぼくのアスペルガー症候群—もっと知ってよ　ぼくらのことを』東京書籍、東京、p・121、2001。

(10) 西田ひろ子「異文化間コミュニケーション」『教育と医学』５７７：78-84、２００１。

(11) 大塩陶子『私信』２００１。

(12) 太田肇『囲い込み症候群—会社・学校・地域の組織病理』筑摩書房、東京、２００１。

(13) 酒木保『自閉症の子どもたち』ＰＨＰ研究所、東京、２００１。

(14) 社会福祉法人　恩賜財団母子愛育会　日本子ども家庭総合研究所編『日本子ども資料年鑑』ＫＴＣ中央出版、東京、ｐ・３４２-３４４、２００１。

(15) 杉山登志郎「自閉症に見られる特異な記憶想起現象—自閉症の time slip 現象」『精神神経学雑誌』96：２８１-２９７、１９９４。

(16) 杉山登志郎「軽度発達障害」『発達障害研究』21：２４１-２５１、２０００。

(17) 高橋渉『機微に添うて開く—障碍の最も重い方々の人生に学ぶ』かりん舎、北海道、２００１。

(18) 田中康雄「軽度発達障害のある子どもたちへの早期介入」近藤直司編『ひきこもりケースの家族援助』金剛出版、東京、ｐ・１７３-１８１、２００１。

(19) 田中康雄「思春期・青年期の理解と対応（上）」『発達の遅れと教育』５３２：54-55、２００１。

(20) 田中康雄「思春期・青年期の理解と対応（下）」『発達の遅れと教育』５３３：54-55、２００２。

(21) 山岸俊男『信頼の構造—こころと社会の進化ゲーム』東京大学出版会、東京、１９９８。

(22) 山口薫「特殊教育改革の方向」山口薫編『学習障害・学習困難への教育的対応』文教資料協会、東京、ｐ・１６７-１７１、２０００。

(23) 山元加津子『きいちゃん』アリス館、東京、1999。
(24) 山中康裕「早期幼児自閉症の分裂病論およびその治療論への試み」笠原嘉編『分裂病の精神病理5』東京大学出版会、東京、p・147-192、1976。

青少年の手首自傷（リストカット）の意味するもの

(1) 西園昌久、安岡誉「手首自傷症候群」『臨床精神医学』8：1309-1315、1979。
(2) Rosenthal, R. J., et al.: Wrist-cutting syndrome. *Amer. J. Psychiat.*, 128; 1363-1368, 1972.
(3) 牛島定信「思春期女子の暴力的解決—手首自傷症候群」『教育と医学』27：679-687、1979。
(4) 安岡誉「Wrist-cutting syndrome」『季刊精神療法』4：188-191、1978。
(5) 安岡誉、西園昌久、牛島定信「手首自傷症候群」西園昌久編『青年期の精神病理と治療』金剛出版、東京、1983。
(6) 安岡誉、西園昌久「Wrist-cutting syndrome の精神医学的アプローチ」大原健士郎、佐々木仁也編『自殺企図患者のケア』金原出版、東京、1983。
(7) 安岡誉「自殺企図・自傷行為」『臨床精神医学』25：767-772、1996。
(8) 安岡誉「自傷・自殺と人格障害」成田善弘編『現代のエスプリ（別冊）、問題行動と人格障害』至文堂、東京、1997。

摂食障害における「満たされなさ」

サン＝テグジュペリ（内藤濯訳）『星の王子さま』岩波書店、東京、（オリジナル版）。

衝動統制障害としての薬物非行と性非行～愛情と対象関係のつまずきから

Kelly, F.: *The assessment of object relations phenomena in adolescents*. LEA, 1997.

Laws, R.: *Relapse prevention with sex offenders*. Guilford Press, 1989.

女子少年院在院者の性被害経験

（1）安藤久美子、岡田幸之、影山隆之、他「性暴力被害者のＰＴＳＤの危険因子―日本におけるコミュニティサーベイから―」『精神医学』42：575-584、2000。

（2）法務総合研究所『法務総合研究所研究部報告10―第1回犯罪被害実態（暗数）調査―』2000。

（3）法務総合研究所『法務総合研究所研究部報告11―児童虐待に関する研究（第1報告）―』2001。

（4）法務総合研究所『平成13年版「犯罪白書」』2001。

（5）法務総合研究所『法務総合研究所研究部報告14―児童虐待に関する研究（第2報告）―』2002。

（6）「子どもと家族の心と健康」調査委員会『「子どもと家族の心と健康」調査報告書』1999。

激しい暴力を暴発させた少年の心の限りと広がり

藤岡淳子「激しい暴力を暴発させた少年の自他表象―事例の心理テスト結果から」『犯罪学雑誌』67（3）：104-108、2001。
藤岡淳子「少年と暴力」『非行少年の加害と被害』誠信書房、東京、2001。

殴る男、殴られる女、そして子どもたち

内閣府・男女共同参画局編『配偶者等からの暴力に関する事例調査―夫・パートナーからの暴力被害についての実態調査』財務省印刷局発行、2002。
Jaffe, P.G., Wolfe, D.A., Wilson, S.K. : *Children of Battered Women*. Sage Publications, 1990.
McGee, C. : *Childhood Experiences of Domestic Violence*. Jessica Kingsley Publishers, 2000.
Stewart, D.E., Robinson, G.E. : A review of domestic violence and women's mental health. *Arch. Womens Mental Health*, 1 ; 83-89, 1998.

ホームレス――その被害体験と加害行動

橋本昇「更生緊急保護をめぐる諸問題」『法務研究報告書第79集第1号』法務総合研究所、平成4年9月。

少年非行の変化

（1） Adam, B.S., Livingston, R.: Homicidal behavior. In: (ed.), Sholevar, G.P. *Conduct Disorders in Children and Adolescents*. Am. Psychiatric Press, Washington, D.C., London, England, p. 351-368,1995.

（2） Ascherman, L.I.: The impact of unstructured games of fantasy and role playing on an inpatient unit for adlescent. *Int. J. Group Psyhotherapy*, 43; 335-345, 1993.

（3） Bond, C.R., McMahon, R.J.: Relationships between maternal distress and child behavior problems, maternal personal adjustment, maternal personality, and maternal parenting behavior. *J. Abnorm. Psychol*., 93; 348-351, 1984.

（4） Brittain, R.P.: The sadistic murderer. *Med. Sci. Law*, 10; 198-207, 1970.

（5） Cornell, D.G., Benedek, E.P. Benedek, D.M.: Juvenile homicide: prior adjusutment and a proposed typoklogy. *Am. J. Orthopsychiatry*, 57; 383-393, 1987.

（6） Dodge, K.A.: The future of research on the treatment of conduct disorder. *Dev. Psychopathol*., 5; 311-319, 1993.

（7） 藤井誠二『17歳の殺人者』ワニブックス、東京、２０００。

（8） Gray, J.A.: *The neuropsychology of anxiety: An enquiry into the functions of the septo-hippocampal system*. Oxford University Press, Oxford, 1982.

（9） Jouriles, E.N., Barling, J., O'Leary, K.D.: Predicting child behavior problem in maritally violent families. *J. Abnorm. Child Psychol*., 15 ; 165-173, 1987.

(10) Kazdin, A.E., Esveldt-Dawson, K., French, N.H. et al. : Effects of parent management training and problem-solving skills training combined in the treatment of antisocial child behavior. *J. Am. Acad. Child Adolesc. Psychiatry*, 26 ; 416-424, 1987.

(11) McCarthy, J.B. : Narcissism and the self in homicidal adolescents. *Am. J. Psychoanal*., 38 ; 19-29, 1978.

(12) MacCulloch, M.J., Snowden, P.R., Wood, P.J.W. et al. : Sadistic fantasy, sadistic behaviour and offending. *Br. J.Psychiatry*, 143 ; 20-29, 1983.

(13) Malmquist, C.P. : Premonitory signs of homicidal aggression in juveniles. *Am. J. Psychiatry*, 128 ; 461-465, 1971.

(14) Miller, D., Looney, J. : The prediction of adolescent homicide : Episodic dyscontrol and dehumanization. *Am. J. Psychoanal*., 34 ; 187-198, 1974.

(15) Myers, W.C. : Sexual homicide by Adolescents. *J. Am. Acad. Child Adolesc. Psychiatry*, 33 ; 962-969, 1994.

(16) Myers, W.C., Burgess, A.W., Nelson, J.A. : Criminal and behavioral aspects of juvenile sexual homicide. *J. Forensic Sci*., 43 ; 340-347, 1998.

(17) 大澤真幸『戦後の思想空間』ちくま新書、東京、１９９８。

(18) Patterson, G.R., DeBaryshe, E.D., Ramsey, E.: A developmental perspective on antisocial behavior. *Am. Psychol*., 44 ; 329-335, 1989.

(19) Pfeiffer, S.I.: New directions for reserch. In : (ed.), Sholevar, G.P. *Conduct disorders in children and adolescents*. Am. Psychiatric Press, Washington, D.C., London, England, 351-368, 1995.

(20) Prentky, R.A., Burgess A.W., Rokous, F. et al.: The presumptive role of fantasy in serial sexual homicide. *Am. J. Psychiatry*, 146 ; 887-891 ,1989.

(21) Printz, R.J.: Prevention. In : (ed.), Sholevar, G.P. *Conduct disorders in children and adolescents*. Am. Psychiatric Press, Washington, D.C., London, England, 341-350, 1995.

(22) Richad, B.A., Dodge, K.A.: Social maladjustment and problem solving in school-aged children. *J. Consult Clin. Psychol*., 50 ; 226-223, 1982.

(23) 斉藤環「思春期と攻撃性〜『サブカルチャー』の視点から」『アディクションと家族』15：３９３-３９８、１９９８。

(24) Sendl, I.B., Blomgren, P.G.: A comparative study of predictive criteria in the predisposition of homicide adolescents. *Am. J. Psychiatry*, 132 ; 423-427, 1975.

(25) Scherl, D.J., Mark, J.E.: A study of adolescent matricide. *J. Am. Acad. Child Psychiatry*, 5 ; 569, 1966.

(26) Stearns, A.W.: Murder by adolescents with obscure motivation. *Am. J. Psychiatry*, 114 ; 303-305,

1957.

（27）立花正一「『いじめられ体験』を契機に発症した精神障害について」『精神神経学雑誌』92：321-342、1990。

（28）Webster-Stratton, C.: Mother's and father's perceptions of child deviance: Roles of parent and child behaviors and parent adjustment. *J. Consult Clin. Psychol.*, 56 ; 909-915, 1988.

（29）West, D.J., Roy, C., Nicholas, F.L.: *Understanding sexual attacks*. Heinemann, London, 1978.

地域で犯罪から子ども達を守るために

中村攻『子どもはどこで犯罪にあっているか』晶文社、東京、2000。

略 語 一 覧

AA ：Alcoholics Anonymous（アルコホリック・アノニマス）

ADHD：Attention Deficit Hyperactivity Disorder（注意欠陥／多動性障害）

BAS ：behavioral activation system（行動学的活性化システム）

DAIP ：Domestic Abuse Intervention Project（ドメスティックアビューズ介入プロジェクト）

DSM ：Diagnostic and Statistical Manual of Mental Disorders（アメリカ精神医学会診断統計マニュアル）

DV ：Domestic Violence（ドメスティック・バイオレンス）

PTSD ：Post-Traumatic Stress Disorder（心的外傷後ストレス障害）

初出一覧（掲載順）

対人関係における被害体験と加害行動
——自他のバウンダリー（限界）を確認するために——　藤岡淳子
青少年の被害体験と加害行動をめぐって　藤岡淳子　小西聖子　田中康雄
乳幼児期の母子コミュニケーションからみた両義性と両価性　小林隆児
軽度発達障害のある子どもたちにおける被害体験と加害行為
——共生するために尊重されるべき異文化——　田中康雄
青少年の手首自傷（リストカット）の意味するもの　安岡　誉
摂食障害における「満たされなさ」——星の王子さまとキツネにならって——　佐藤眞理
衝動統制障害としての薬物非行と性非行～愛着と対象関係のつまずきから　藤岡淳子
女子少年院在院者の性被害経験　吉田里日
激しい暴力を暴発させた少年の心の限りと広がり　藤岡淳子
殴る男、殴られる女、そして子どもたち　小西聖子
ホームレス——その被害体験と加害行動　大場玲子
地域で犯罪から子ども達を守るために　中村　攻

以上、「こころの臨床ア・ラ・カルト」第21巻1号　2002年3月

少年非行の変化　妹尾栄一

「精神科治療学」第15巻12号　2000年12月

執筆者（掲載順，共著の論文は筆頭著者のみ記載）

藤岡淳子（ふじおか　じゅんこ）
大阪大学大学院人間科学研究科

小西聖子（こにし　たかこ）
武蔵野女子大学人間関係学部

田中康雄（たなか　やすお）
国立精神・神経センター精神保健研究所

小林隆児（こばやし　りゅうじ）
東海大学大学院健康科学研究科

安岡　誉（やすおか　ほまれ）
札幌学院大学大学院臨床心理学研究科

佐藤眞理（さとう　まり）
千葉県こども病院

吉田里日（よしだ　さとか）
前　法務総合研究所研究部

大塲玲子（おおば　れいこ）
（執筆時　東京保護観察所）法務省法務総合研究所

妹尾栄一（せのお　えいいち）
東京都精神医学総合研究所

中村　攻（なかむら　おさむ）
千葉大学園芸学部

こころのライブラリー 10
少年非行

2004年2月19日 初版第1刷発行
2007年4月25日 初版第2刷発行

著 者 藤岡淳子 小西聖子 田中康雄 小林隆児
安岡 誉 佐藤眞理 吉田里日 大場玲子
妹尾栄一 中村 攻

発行者 石 澤 雄 司

発行所 株式会社 星 和 書 店

東京都杉並区上高井戸1-2-5 〒168-0074
電話 03(3329)0031(営業部)/03(3329)0033(編集部)
FAX 03(5374)7186

 Printed in Japan ISBN978-4-7911-0528-1